改訂第2版 書き方のコツがよくわかる

医系 小論文

頻出テーマ **20**

神尾　雄一郎

JN048617

＊この本は、小社より2020年に刊行された『改訂版　書き方のコツが よくわかる　医系小論文　頻出テーマ20』に、最新の医療状況と 入試傾向を反映した参考書です。

＊この本には「赤色チェックシート」がついています。

はじめに

★どういった小論文対策をすべきかわからないアナタに

　小論文対策として何に力を入れればよいのかわからないからといって、あまりやる気になれていない、そこのアナタ！　認識が甘すぎますよ。医学部（医学科・看護学科・保健学科など）入試における小論文には、医療分野の前提知識がないかぎりまったく何も書くことができない問題が多数存在しています。ですから、専門的知識を頭に入れておくべきなのです。

　一方で、気持ちばかりが先走り、結局何をしたらよいかわからず不安に押しつぶされそうになっている、そこのアナタ！　この本を読みきってくれれば突破口が開けます。ひとまず、落ち着いてこの本に目を通してくださいね。

★この本の2つの特徴

❶　医療分野にかんする最新知識がわかりやすく説明されている

　この本では、「新型コロナウイルス感染症」の感染症法上の取扱いが5類に変更されて間もない2023年6月時点での医療分野にかんする最新知識が、広範囲にわたって網羅されています。新型コロナウイルス感染症対策についても3テーマにわたってしっかり取りあげ、テクノロジーの進化が著しいAIや再生医療、遺伝子治療などの先端医療の領域や、少子高齢化の進展や働き方改革といった、社会の変化が医療に与えるさまざまな影響について豊富な説明を盛り込んであります。前回の改訂から3年程度しか経っていませんが、医療の世界は劇的に変化しており、著者である私も改めて学び直しながら加筆修正に取り組みました。

　「著者紹介」でも触れていますが、著者である私は、社会的な課題について賛成と反対に分かれて説得力を争うというディベートの指導を20年近く続けています。じつは、こうしたタイプのディベートへの取り組みに重要なのが、自分たちの主張を支える根拠として用いる新聞記事や専門文献の調査です。この本で取りあげた20の「テーマ」は、ディベートと同じく高いレベルの分析を徹底的に行なったうえで読者のみなさんにわかりやすく説明しています。ほかの本には載っていないような最新用語や専門用語はもちろん、歴史的な背景や今後の見通しまでしっかりカバーされてい

るので、この本を読めば「書き方のコツがよくわかる」ようになることをお約束します。どうぞご安心ください！

❷ 実際の大学入試にたいして、答案例が2種類掲載されている

　医学部の入試で実際に出された問題について、「合格点まであと一歩の答案例」と「合格点がもらえる答案例」の両方を掲載してあります。「合格点がもらえる答案例」については、この本の内容が頭に入っていれば書けるようなオーソドックスな答案例を紹介しています。

　これにたいし、「合格点まであと一歩の答案例」には、文章の欠点がなく一見よさそうに思えるけれども、設定された問いにきちんと答えられていないために合格にふさわしいとは評価されない、さまざまなタイプの「ザンネン答案例」を掲載しています。いずれの答案も、本番に向けて幅広くお役に立てると確信しております。

★執筆を支えてくださった方たちに向けて

　この本の執筆にあたっては、とくに3人に感謝申し上げたいと思います。1人めは看護師の立場から専門的知識や医療現場の実態について教えてくれた私の妻。2人めはこの本の早期改訂に力を尽くしてくださった山川徹氏。3人めは前作を医学部受験生に向けた特別講座の指定教材として採用してくださった、大妻高等学校の森弘達先生。さらに、原稿整理などを手伝ってくれた弊社スタッフや、私の執筆を妨げることなくすくすくと成長してくれている息子にも感謝したいと思います。

　繰り返しますが、この本は、将来は医師として活躍したいという意思をもつ高校生・受験生にぜひ知っておいてもらいたい知識について、敬意を込めてまとめたものです。この本を手にとってくださったみなさんが志望校合格をはたし、医師として医療現場の最前線で活躍される日がくることを心から願っています。

神尾　雄一郎
（かみ お　ゆういちろう）

CONTENTS もくじ

本文イラスト：沢音　千尋

* この本は、2023 年 6 月時点の情報にもとづいて執筆されていますが、新型コロナウイルス感染症を
めぐる状況は日々変化しているので、読者自身で情報を把握するよう努めてください。
* 「障害」は、「障碍」「障がい」などと表される場合がありますが、この本では、医学上の正式名称
である「障害」の表記を採用しています。

この本の特長と使い方

★医系小論文対策のエントリーブック

　この本は、医学部の医学科、看護学科、保健学科などの志望者を対象とする入門書で、

「文章を読むのも書くのもキライ！」

「医療用語なんてぜんぜん知らない！」

「小論文の入試問題をみても何も思いつかない！」

「でも、医系にゼッタイ合格するぞ！」

という人にピッタリです。また、読んで理解するテキストとしてだけでなく、専門用語の説明を参照するための「事典」としても役立ちます。

★テーマとキーワードがわかり、書き方もマスターできる

　医系小論文にまるで手がつかないという受験生は、そもそも、医系入試に特有のテーマや、書くうえでキーワードとなる医療用語を知らないのです。

　そのような受験生の現状に合わせ、この本は、医系小論文入試で問われる重要テーマと用語の理解を最も重視しました。わかりやすく説明されているのはもちろんのこと、医学にかんする最新トピックのうち、入試によく出ているものを厳選するという、徹底した「データ主義」が貫かれています。情報量の多さと時事内容の鮮度ではほかの本の追随を許さない仕上がりです。2020年以降、世の中を揺るがしている「新型コロナウイルス感染症」のテーマもしっかり取りあげています。

　また、この本では、テーマの理解だけでなく、実際の入試出題例を通じた書き方も習得できます。短期間で効率よく、医系小論文のエッセンスが身につくのです。

★考え抜かれたシステマティックな構成

　この本では、医系小論文入試に頻出の重要テーマを計20個扱います。それぞれのテーマには、出題頻度を表す5段階のランキング（星の数で表示）がついています。

　1つの テーマ は、次の要素を含みます。

- これがテーマの神髄だ！：その テーマ の要点を板書風にまとめています。
- 実際の出題例を見てみよう！：400字程度の分量を書かせる問題を扱っています。出題はすべて入試問題（改題含む）です。
- テーマ解説：みなさんと同じく医系をめざす受験生キャラの素朴な疑問に神尾先生が答えていく過程で自然に専門用語が覚えられ、テーマの理解が深まります。赤字は最重要キーワード、太字は重要キーワードをそれぞれ表します。
- 「出題例」の解答・解説：答案を書き始める前に思いつくべき発想を、メモ書き風にまとめています。
- 合格点まであと一歩の答案例／合格点がもらえる答案例：一見成立しているように思えるのに合格点まで何かが足りなかったり採点者によって評価が分かれたりするリスキーな答案と、合格点に手が届く等身大の答案が対比されているので、どのレベルまで書けばよいのかがはっきりわかります。

  【答案例へのコメントの評価】

  ◎高い評価が与えられる内容　　○答案を引き立たせる内容

  △あまり望ましくない内容　　✕大きく評価を下げる内容
- 神髄：答案作成の基本方針を簡潔に示しています。

さあ、この本でゼロからの小論文対策を始めましょう！

医師に必要な資質

患者の健康と社会全体に貢献できる医師をめざして　頻出ランク ★★★★★

⚡これがテーマの神髄だ！

★ 医師になるには

- 医学部を卒業し、国家資格としての免許を取得することが必要
  - ➡無免許で医師を名乗って医療 → P.10 行為にあたることは禁止

★ 大学の医学部で取り組むこと

❶ 医学教育モデル・コア・カリキュラム → P.10 に沿って学ぶ

❷ 患者とのやり取りを勉強するための臨床実習
  - ➡臨床実習の前後には共用試験を受けて能力を測る

❸ 卒業試験に合格すると医師国家試験を受験できる

★ 臨床研修制度と専門医制度

- 診療に従事しようとする医師は2年の臨床研修が必修
  - ➡給与が支給され、基本となる診療科を短期間に経験する
- 任意で修得する専門医制度で3年以上の研修を受ける
  - ➡専攻医として特定の診療領域のスペシャリストをめざす

★ 理想の医師とは

❶ 知性を磨き、徳を身につけ、やさしさと献身性を示し、患者や医療スタッフから信頼される

❷ 眼前の患者に最大限の貢献を果たすことは当然として、集団、社会と医療の体制、公衆衛生 → P.10 へも注意を向ける

❸ 専門診療の種類によらずすべての医師に共通して求められる幅広い診療能力を身につける

テーマ ［解 説］

■実際の出題例を見てみよう！  ➡解答・解説は p.17 〜

出 題 例

　時代を見据えた理想の医師像について、400字程度で書きなさい。

（久留米大学・医学部／改）

◆ 医師になるには

> 将来、私は小児科医になりたいなと思っているのですが、大学の医学部に合格すれば医師になれるのですか？

　たしかに、大学の医学部に合格しないかぎり医師になるチャンスはありません。というのは、医師法第2条に「医師になろうとする者は、医師国家試験に合格し、厚生労働大臣の免許を受けなければならない」とあり、医師になるためには国家資格としての免許を取得することが必要であると定められているからです。この医師国家試験は、外国の医学校を卒業したり外国で医師免許を得たりした場合以外は6年制の正規課程を大学で修めていないかぎり受けることができないため、大学の医学部合格をめざすことが医師になるための最初の大きな関門となります。

　さらに、医師法第17条には「医師でなければ、医業をなしてはならない」、18条には「医師でなければ、医師又はこれに紛らわしい名称を用いてはならない」とあり、無免許で医師を名乗って医療行為にあたることは禁止されています。日本国憲法第22条では職業選択の自由が定められていますが、国民の生命や健康にたいする危険を防

止・除去・緩和するために課せられる消極目的規制を必要最小限だけは受けているのです。

　せっかくですから、最初に、「医師」とはどのような職業なのかについて確認しておきましょう。

　「医師」の定義は、医師法第1条に、「医師は、医療及び保健指導を掌（つかさど）ることによつて公衆衛生の向上及び増進に寄与し、もつて国民の健康な生活を確保するものとする」と定められています。なお、「医療」には「病気や傷を診察し治療する技術である医術や、病気の治療に用いる薬品である医薬によって病気やけがを治すこと」という辞書的な意味が一般的に定着していると思われますが、本来的には人間の健康の維持、回復、促進などを目的とした諸活動を広く意味します。また、「公衆衛生」とは、疾病（しっぺい）予防を目的とし、健康の保持増進を図ることです。

　「医師」と名乗ることに制限があるとは知りませんでした。
無事に大学の医学部に合格できたら、まずはどのような勉強をしていくのですか？

◆大学の医学部で取り組むこと

　大学の医学部に入学すると、ほとんどの大学ではカリキュラム全体のおよそ3分の2程度の時間を、文部科学省から公表されている医学教育モデル・コア・カリキュラムに沿って学ぶことになります。

　このガイドラインは2001年にはじめて提示されたもので、2022年に公表された改訂版が2023年時点の最新情報です。ガイドライン策定以前には、教育する内容はそれぞれの大学や教員にすべて任せられていたのですが、膨大な医学の知識と技術をふまえ、多様化する社会のニーズの変化に対応できるよう、すべての医学生が履修すべき教育内容が整理されました。そして、残る3分の1程度の時間で、各大学

の個性を生かした選択カリキュラムを学んでいきます。

　4年生の後期や5年生になると、患者とのやり取りを勉強するための臨床実習に移行します。これに先立ち、医学部生は、公益社団法人医療系大学間共用試験実施評価機構（CATO）により実施される共用試験を受け、一定の基準点をクリアしなければ臨床実習には進めません。共用試験は、臨床実習に求められる幅広い知識や問題解決能力について、全国の医学部の教員が作成した択一式の問題からコンピュータで無作為に出されるCBT（Computer Based Testing）と、模擬患者を対象として実際に医療面接と診察を行ない十分な技能を身につけているかどうかを評価するOSCE（オスキー）によって構成されています。

　学生はまだ医師ではないため、2005年からの共用試験実施以前は教員や先輩の診療の見学が主体になっていました。しかし、その形態ではコミュニケーション能力の育成や医療における安全性への配慮といった実践力を高めることが困難であることから、学生にも、診療チームの一員として実際の診療に参加するタイプの実習に転換することが強く求められていました。しかし、学生の能力と適性が一定のレベルに達していないかぎりは患者に不安を与えます。そのため、2023年度からは公的化され、統一合格基準に達した場合に臨床実習において医業をすることができると定められたのです。

　無事に一定基準をクリアした学生は、まずは指導医の診察や治療を見学してコミュニケーションのとり方などを目のあたりにし、患者の診察、カルテの記入、指導医の指導のもとでの採血、患者や家族とのかかわり方などを徐々に学んでいきます。また、研究室に所属して基礎研究を行なう期間や福祉施設での実習期間も設けられます。

　さらに、2020年からは、卒業時の臨床能力を一定水準以上に担保することを目的とした「臨床実習後OSCE」とよばれる共用試験が全国の医学部・医科大学の6年生を対象に実施されるようになりました。この試験は、日常診療をシミュレートした課題を1人の学生が3つ受

験し、このようすを、実施大学の教員に加え、他大学の教員や、卒業後に研修医として受け入れることになる臨床研修病院の指導医が評価するというしくみです。この試験の実施により、医学生が臨床実習でよりいっそう主体的に診療に参加するようになる効果や、臨床医学教育の連続性を強めるという効果が期待されています。

　6年生の終わりに実施される大学の卒業試験に合格することにより、国が認可した医師免許の取得試験である医師国家試験を受験する資格が得られます。厚生労働省が2023年に発表した第117回医師国家試験の合格率は91.6%です。卒業までに積み重ねた努力や、身につけた知識の確かさがみえてきますね。なお、医師免許に更新制度はなく、生涯にわたって有効です。

　医師国家試験は、症例文を読ませてその症例への対応や知識を問う臨床実地問題と、短文で知識を問う一般問題、および、それぞれのタイプが半分ずつ含まれる必修問題からなります。いずれも選択肢問題であり、臨床実地問題200問、一般問題100問、必修問題100問（臨床実地問題タイプ50問、一般問題タイプ50問）の、計400問です。必修問題で80%正解できなければ不合格となります。さらに、必修問題の一般問題は1問1点、臨床実地問題は1問3点に設定されていることから、臨床にたいする理解力を重視する傾向が強く表れているといえるでしょう。

医師国家試験以外にもたくさん試験を受けなくてはならないのですね。
医師国家試験に合格すればすぐに医師として働けるようになるのですか？

◆臨床研修制度と専門医制度

　じつは、そうではありません。診療に従事しようとする医師は、2年以上の臨床研修を受けなければならないのです。医師法第16条の2

で「診療に従事しようとする医師は、二年以上、都道府県知事の指定する病院又は外国の病院で厚生労働大臣の指定するものにおいて、臨床研修を受けなければならない」と定められているからです。

臨床研修制度では、研修希望者と研修施設の希望にできるだけ沿えるよう「マッチング」というしくみが導入されています。これは、研修病院が研修希望者にたいして採用選考を行ない、病院は研修希望者の順位、研修希望者は希望する病院の順位をそれぞれ提出して、コンピュータによって組合せを決定するというやり方です。また、研修医が研修に専念できるように国が研修施設に補助金を出して一定水準以上の給与が支給される代わりに、アルバイトは禁止されています。

このしくみの大きな特徴は、複合疾患をもつ高齢者の医療ニーズに応えるため、研修プログラムに、基本となる診療科を短期間に経験させる総合診療方式（スーパーローテート）が採用されている点です。2020年度からは、一般的な診療において頻繁にかかわる負傷又は疾病に適切に対応できるように、従来の内科、救急、地域医療に加え、外科、小児科、産婦人科、精神科の7科目が必修化され、選択科目を追加するかたちとなりました。

臨床研修が終わると、任意で修得する専門医制度に移行します。約9割の医師は、第三者機関である日本専門医機構によって運用される3〜5年間の専門医研修プログラムを専攻医として受け、特定の診療領域のスペシャリストとしての資格取得をめざします。専門医資格は、医師免許とは異なり、5年を原則として更新する必要があります。

専門医制度は、19の基本領域で構成される「基本領域専門医」と、29の「サブスペシャルティ領域専門医」の2段階制となっており、基本領域のみの専門医資格を取得することも、基本領域とサブスペシャルティ領域の専門医資格を取得することも両方可能です。2022年度の専攻医研修プログラムの採用実績の内訳をみると、基本領域のうち内科が全体の約32%を占め、ついで外科が約9%となっています。

専攻医として採用された場合には、研修プログラムに沿って3年以

上の研修を受けます。そして、症例数や論文、筆記試験などをクリアすると、基本領域の専門医認定を受けることができます。また、サブスペシャルティ領域のうち、複数診療科を集約したものを含めた領域では、基本領域との連動研修が受けられます。

　こうして、30歳を過ぎたあたりでようやく医師として第一線で働けるようになるのです。生命を支える職業だけに、長い時間をかけて専門的かつ多様な学びを積み重ねることが求められるのですね。

20代のうちは、ひたすら勉強なんですね。とくにどういうことを心がけて学んでいけばよいのでしょうか？

◆ 理想の医師とは

　厚生労働省による「医師法第十六条の二第1項に規定する臨床研修に関する省令」に、医師になるために必修化された臨床研修の基本理念として、「臨床研修は、医師が、医師としての人格をかん養し、将来専門とする分野にかかわらず、医学及び医療の果たすべき社会的役割を認識しつつ、一般的な診療において頻繁に関わる負傷又は疾病に適切に対応できるよう、基本的な診療能力を身に付けることのできるものでなければならない」と定められています。これについては、同じく厚生労働省が公表している「医師臨床研修指導ガイドライン2020年度版」で以下の3つが示されています。

❶　医師としての人格：知性を磨き、徳を身につけ、優しさと献身性を示し、患者や医療スタッフから信頼されること
❷　社会的役割：眼前の患者に最大限貢献することは当然として、人の集団、社会と医療の体制、公衆衛生へも注意を向けること

> ❸ 基本的な診療能力：将来携わる専門診療の種類にかかわらず、全ての医師に共通して求められる幅広い診療能力を身につけること

さらに、臨床研修の到達目標として、以下の3つの領域が定められています。

> ❶ 医師としてのあらゆる行動を決定づける基本的価値観（プロフェッショナリズム）
> ❷ 医師に求められる具体的な資質・能力
> ❸ 研修修了時にほぼ独立して遂行できる基本的診療業務

「基本的価値観」には、以下の4つがあります。

> ❶ 社会的使命と公衆衛生への寄与：社会的使命を自覚し、説明責任を果たしつつ、限りある資源や社会の変遷に配慮した公正な医療の提供及び公衆衛生の向上に努める
> ❷ 利他的な態度：患者の苦痛や不安の軽減と福利の向上を最優先し、患者の価値観や自己決定権を尊重する
> ❸ 人間性の尊重：患者や家族の多様な価値観、感情、知識に配慮し、尊敬の念と思いやりの心を持って接する
> ❹ 自らを高める姿勢：自らの言動及び医療の内容を省察し、常に資質・能力の向上に努める

「資質・能力」には、以下の9つがあげられています。

> ❶ 医学・医療における倫理性：人間の尊厳を尊重し、患者のプライバシーに配慮しながら関連する法律を理解して行動する
> ❷ 医学知識と問題対応能力：最新の医学および医療にかんする知識を獲得し、「根拠に基づく医療（EBM）」の考え方と手順を身につける

❸ 診療技能と患者ケア：患者の苦痛や不安、考えや意向に配慮し、患者の状態に合わせた最適な治療を安全に実施する

❹ コミュニケーション能力：患者や家族と良好な関係性を築き、患者の主体的な意思決定を支援する

❺ チーム医療の実践：医療従事者をはじめ、患者や家族にかかわるすべての人びととの役割を理解し、連携を図る

❻ 医療の質と安全管理：患者にとって良質かつ安全な医療を提供し、医療従事者の安全性にも配慮する

❼ 社会における医療の実践：医療制度やシステムを理解し、地域社会に貢献しつつ、災害や、ウイルスや細菌などの病原体（びょうげんたい）が原因の感染症といった医療需要に備える

❽ 科学的探究：医療上の疑問点を研究課題に変換し、学術活動を通じて医学及び医療の発展に寄与する

❾ 生涯にわたってともに学ぶ姿勢：急速に発展する医学知識や技術の吸収に努め、同僚やほかの多くの医療職とともに自律的に学び続ける

「基本的診療業務」としては、以下の4領域があります。

❶ 一般外来（がいらい）診療：頻度の高い症候・病態について、適切な臨床（りん）推論（しょう）プロセスをへて診断・治療を行ない、おもな慢性疾患（まんせいしっかん）
→P.219 については継続診療ができる

❷ 病棟診療：急性期 →P.220 の患者を含む入院患者について、入院診療計画を作成し、患者の一般的・全身的な診療とケアを行ない、地域医療に配慮した退院調整ができる

❸ 初期救急対応：緊急性の高い病態を有する患者の状態や緊急度を速やかに把握・診断し、必要時には応急処置や院内外の専門部門と連携ができる

❹ 地域医療：その特性、および、地域によって一体的に支援やサービスが提供される地域包括ケアシステム →P.234 の概念と枠組みを理解し、医療・介護・保健・福祉にかかわる種々（しゅじゅ）の施設や組織と連携できる

出題例の [解答・解説]

出題例 再録

時代を見据えた理想の医師像について、400字程度で書きなさい。

 構想メモを書いてみよう！

最新の医学知識の獲得 ◀── 生涯にわたって自律的に学びつづける

- 最新医療の進歩は速く、提供する医療は複雑化
  ➡ 同僚とともに学び合うことが大切

コミュニケーション能力を高める ◀── 患者や家族との良好な関係性

- インフォームド・コンセント →P.64 の重要性が広く認識される
  ➡ 患者の主体的な意思決定を支援する役割を果たしていく

チーム医療の実践 ◀── 多くの職種と協働する

- 高齢化の進展により慢性疾患の患者が増えている
  ➡ 患者が住み慣れた地域や自宅で生活を続けていくのに必要な医療

厚生労働省が公表している「医師臨床研修指導ガイドライン 2020年度版」で示された「医師に求められる具体的な資質・能力」の中から「理想の医師像」を選ぶとともに、自分が取りあげた能力や姿勢がどうして今後の時代を見据えた「理想の医師像」だといえるのかについて、理由を付け加えて説明することが大切である。医師としていつの時代にも必要とされる倫理性や安全の確保といった要素を取りあげる場合には、現代で必要とされる事情をとくに明確に示す必要がある。

🦉 合格点まであと一歩の答案例

第1段落

　私が考える理想の医師像は、内科の開業医として地域住民やスタッフから信頼されている父の姿そのものである。①ときおり父のクリニックを訪れるのだが、父はいつも笑顔を絶やさず、やさしい語り口で患者と接している。また、スタッフにたいしても敬意をもち、ていねいな姿勢で的確な指示を出す姿が印象に残っている。

第2段落

　②私は、将来は外科医として大学病院で働きたいのだが、みずからの手術の成否が患者の生命を左右するという重要な使命を負うことになる。③スーパードクターとよばれるような存在になれるよう、専門的技術を身につけていきたいと思っている。

第3段落

　その一方で、みずからの家庭をないがしろにして仕事だけに集中してしまう姿は、仕事と家庭の調和が求められる現代に合っているとはいえない。④家族との団らんというかけがえのない時間を確保するために、医師も、労働者の1人として保護されるべき権利をもった存在であることを理解してもらえるよう、しっかり声を上げていきたい。

(411字)

全体を通じた コメント

「時代を見据えた理想の医師像」というテーマの出題意図を探ろうとせず、自分が書きたいように書いてしまった答案である。

第1段落では、「理想の医師像」という言葉に気をとられすぎて、尊敬に値する父親のエピソードを長々と書きすぎている。これでは、「自分の尊敬できる人物」についての作文と変わらない。

第2段落では、自分の目標である外科医として専門技術を身につける意義について取りあげているが、確かな手術力はいつの時代でも必要であり、「時代を見据えた」ものであるとはいえない。

一方、第3段落では「仕事と家庭の調和」や「医師も労働者の1人」という、「時代を見据えた」論点を取りあげており、指摘自体は重要なものである。ただし、この問題の答案に書くべき「時代を見据えた」姿勢は、患者とのかかわり方や医療従事者との連携、地域社会への貢献などの広い視野などであり、論点がずれている。

答案例へのコメント

➡❶：△　字数が限られているので、エピソードは最小限にとどめるべきである。

➡❷：✕　当然すぎる内容は字数稼ぎだととらえられてしまう。

➡❸：△　外科医が専門的技術を身につける重要性は、いつの時代でも求められる。高度な技術や知識を要する療法が増えているといった、現代に特有の事情を提示すると説得力が増す。

➡❹：△　指摘自体はそのとおりなのだが、「時代を見据えた」視線は、自身にではなく患者や社会に向けられるべきである。

神髄 ① 作文ではないので、自身の経験を長々と盛り込まない！

😊 合格点がもらえる答案例

・最新の医学知識の獲得

　まずは最新の医学知識を獲得し、生涯にわたって自律的に学びつづける謙虚な姿勢をもつことが求められる。最新医療は高い有効性をもたらす一方で進歩は速く、提供する医療は複雑化しており、わずかなミスが患者に重大な被害をもたらす危険性も高まっている。同僚とともに学び合うことが大切である。

・コミュニケーション能力を高める

　また、患者や家族と良好な関係性を築くためのコミュニケーション能力を高める必要もある。インフォームド・コンセントの重要性が広く認識されるようになったため、患者や家族にとって必要な情報を整理し、わかりやすい言葉で説明して、患者の主体的な意思決定を支援する役割を果たしていくことが重要である。

・チーム医療の実践

　さらに、高齢化の進展により慢性疾患の患者が増えていることから、患者の住み慣れた地域や自宅で生活を続けていくのに肝心な医療の提供が必要だとされている。そのため、チーム医療の一員として多くの職種と協働することも時代の要請である。

(395字)

全体を通じた コメント

　インフォームド・コンセントの重要性や高齢化の進展による慢性疾患_{まんせいしっかん}の患者の増加といった現代の事情をふまえながら、15・16ページで取りあげた「❷ 医学知識と問題対応能力」「❹ コミュニケーション能力」「❺ チーム医療の実践」「❼ 社会における医療の実践」「❾ 生涯にわたってともに学ぶ姿勢」などの「医師に求められる具体的な資質・能力」に幅広く触れられており、密度の濃い答案に仕上がっている。

　「インフォームド・コンセント」や「慢性疾患」といった用語は、今回はまだ取りあげられていないものだが、この課題はこれから解説していくテーマをふまえて論じることが大切であるため、全体を読み終えてから自分なりにあらためて考えてみてほしい。

答案例へのコメント

→❶：○　「❷ 医学知識と問題対応能力」「❾ 生涯にわたってともに学ぶ姿勢」をいかせている。

→❷：◎　なぜこれからの時代に最新の医学知識を獲得しつづけることが必要なのかが説明できている。

→❸：○　「❾ 生涯にわたってともに学ぶ姿勢」をいかせている。

→❹：○　「❹ コミュニケーション能力」をいかせている。

→❺：◎　インフォームド・コンセントの重要性と関連づけてコミュニケーション能力を高める必要性を説明できている。

→❻：◎　高齢化の進展による慢性疾患の患者増加を背景としつつ「❼ 社会における医療の実践」をいかせている。

→❼：○　「❺ チーム医療の実践」をいかせている。

神髄
❷
　時代の変化に幅広く対応できる理想の医師像を示そう！

医師偏在の解消

地域や診療科の偏在解消までの遠い道のり　　頻出ランク ★★★★★

これがテーマの神髄だ！

★ 医師偏在の実状

- 医師偏在指標 → P.23 によって医師が多い地域と少ない地域が明確に
  - ➡国内の医師数は増える傾向にあり、過剰となる地域も存在
  - ➡医師が不足する診療科と余剰が見込まれる診療科もあることから、診療科の偏在解消にも取り組む必要がある

★ 医学部定員変更の影響

- 医療需要の高まりを受け、1980年代半ばまで定員を増員
  - ➡医療費の増大や過当競争を危惧して定員削減に方針転換
  - ➡2000年代に病院診療の中核を担ってきた医師の退職が発生
  - ➡地域枠 → P.26 を設定して入学定員を大幅に増員
  - ➡2024年度までは暫定的に現状の定員を維持

★ 臨床研修制度の影響

- 臨床研修制度 → P.13 の改革により、労働力として研修医 → P.12 をかかえられなくなった大学病院が、派遣先の病院から医師を引き揚げ
  - ➡負担の少ない診療科を選ぶ医師が増え、診療科の偏在も拡大

★ 医師偏在の解消に向けて

- プロフェッショナル・オートノミー → P.29 を尊重する対策
  - ❶ 地元出身者を優遇する地域枠の拡充
  - ❷ みずからのキャリアを考える教育
  - ❸ 経済的なインセンティブの付与

テーマ ［解説］

実際の出題例を見てみよう！

➡ 解答・解説は p.31 ～

出題例

　医師偏在の解消に向けてどのような対策を講じるべきか、400字程度で書きなさい。

（日本医科大学・医学部／改）

◆ 医師偏在の実状

　私が住む都会にはあちこちに診療所（クリニック）がありますが、祖母の住む地方では医師不足に悩まされているそうです。

　医師偏在の問題は、医療行政が取り組むべき重要な課題です。2018年に医療法が改正されて、医師数の必要度を測るための医師偏在指標を提示し、この結果をふまえて医師の確保数の目標設定を含んだ医師確保計画の策定を都道府県に義務づけることとなりました。

　この医師偏在指標は、人口10万人あたりの医師数をもとに、地域の人口構成と年代ごとの受診率、昼夜の人口差、医師の年代・性別ごとの人数と平均労働時間などを考慮して、実際に働く医師数と必要な医師数を算出した数値です。この指標によって都道府県内で医師が多い地域と少ない地域がはっきりみえるので、具体的な医師確保対策に結びつけて実行できると考えられています。ちなみに、都道府県単位の三次医療圏ごとの医師偏在指標で下位3分の1に入った県は宮崎・山口・三重・群馬・岐阜・千葉・長野・静岡・山形・秋田・茨城・埼玉・福島・青森・新潟・岩手です。これらの県は「医師少数」に指定されており、重点的な対策が必要です。

また、2036年時点で必要となる医師数の推計について、都道府県をブロックに分けた二次医療圏単位でみてみると、若手医師の地域定着を進めるなど最大限の対策をとった場合でも、医師が不足する地域の不足数は24,480人になるという見通しになっています。

　しかし、高齢化で引退したり死亡したりする医師よりも医学部を卒業して新たに医師になる人のほうが多いことから、じつは国内の医師数は増える傾向にあるのです。そのため、まったく対策をとらないと仮定しても医師が過剰となる地域は数多く存在し、こうした地域の余剰数は42,566人にもなると見込まれています。こうした過剰地域では医師1人あたりの診療経験が不足することから、医療の質の確保も危ぶまれています。

　さらに、2019年時点において、週あたりの勤務時間が60時間以上となっている割合を診療科別にみると、脳神経外科で53.0％、外科で50.9％、救急科で49.5％となっており、臨床検査科の6.3％や精神科の19.0％とくらべると2倍以上の差が生じています。今後、人口減少などの影響により、医師が不足する診療科と余剰が見込まれる診療科もあることから、診療科の偏在解消にも取り組む必要があるのです。

> 医師の偏在を解消していくのは簡単ではなさそうですね……
> これまで国はどういう対策をとってきたのでしょうか？

◆ 医学部定員変更の影響

　テーマ1で説明したとおり、医師の養成には10年以上のカリキュラムをへる必要があるため、医師の偏在の解消に向けた対策の効果が表れるには一定の年数が必要です。このことをふまえ、まずは医学部定員対策の取り組みについてみていきます。

　戦後しばらくのあいだ、医療の需要にたいして医師数は全体的に不

足していました。1970年には最小限必要な医師数を人口10万対150人と定め、医学部入学定員を徐々に増やしていきましたが、1973年から70歳以上の高齢者にたいして医療保険の自己負担分を支給する無料化が実施されたことにより医療需要がさらに高まり、1973年に閣議決定された「経済社会基本計画」に「一県一医大構想」とよばれる無医大県の解消が盛り込まれました。これにもとづき、医科大学・医学部が存在しない県に新たな大学・学部が設置されたことにより、毎年3,000～4,000人にすぎなかった医学部入学定員は大幅に増加しました。1981年には入学定員が8,360人に到達し、1983年には人口10万対150人の医師の目標も達成されたのです。

　しかし、その反面、医師数の増加が、外来患者の待合室のサロン化や、「社会的入院」とよばれる、必ずしも治療や退院を前提としない長期入院を生みだして医療費の増大を招きかねないことや、医師数の増加が過当競争をもたらして過剰な宣伝などにより患者を引き寄せるといった事態が懸念されるようになりました。こうした指摘を受け、1986年からは、2025年には医師の10％が過剰になるとの将来推計にもとづいて入学定員の削減が行なわれることとなったのです。その結果、2003～2007年には入学定員が7,700人にまで抑制されました。

　ところが、医師には、就業開始後、徐々に病院勤務から外来の診察を主とする診療所勤務に移行する傾向があることにより、1980年代の定員増加は、病院で勤務する医師数の安定化にはつながりませんでした。さらに、2000年代になると、いつでもどのような症状でも専門領域の医師に診てもらいたいとする患者の増加や、患者の高齢化による診療密度の上昇、医療事故 →P.36 にたいする訴訟リスクの増大やそれにともなう配慮の強化などによる心身の疲労から、病院診療の中核を担ってきた医師が大きな病院を退職するようになってしまったのです。

　こうした事態に対応すべく、2006年には「新医師確保総合対策」によって、医師が不足している8県にたいし、続く2007年には「緊急

医師確保対策」によって全都道府県にたいし暫定的な定員増を容認したことにより、2008年の入学定員は7,793人に増員されました。さらに2008年の「経済財政改革の基本方針2008」は、2009年の入学定員を8,486人にまで大幅に増員するという大転換をもたらしました。この増員の大部分については、地元出身者が入学しやすい枠を設けたり、大学を卒業して医師になったのちに地域内で9年程度勤務することを条件として都道府県が貸与する奨学金の返済を免除したりするなどの地域枠として設定されました。

　この地域枠については、特定地域で診療義務があることから地域偏在を調整する機能や地元出身者を確実につなぎ留めるという意味合いなど一定の効果が認められています。そのため、2022年度からは、医学部卒業後、臨床研修から9年間は大学が設置されている都道府県内の医療機関に勤務し、そのうち4年間を医師少数区域等で勤務することが地域枠の定義とされました。地域枠のような地域医療に従事する医師を養成することを主たる目的とした学生を選抜する枠は増加傾向にあり、2021年度は全体の18.7%を占めています。

　医学部の入学定員は2019年には9,420名となり、この人数を超えることのないよう約1,000名が2019年度末期限の臨時定員とされていました。ただし、新型コロナウイルス感染症拡大の影響もあり、ひとまず2024年度までは暫定的に現状の医学部定員をおおむね維持し、改めて検討されることになっています。

地域枠のアイディアはよさそうに思うので、今後も広がっていくといいですね！　医学部の定員対策以外にも影響を与えた取り組みはありますか？

◆ 臨床研修制度の影響

臨床研修制度 →P.13 の変化も大きな影響があったとされています。
テーマ1 で説明した臨床研修制度の必修化は、じつは 2004 年からであり、それほど長い歴史があるわけではありません。

1946年、医師国家試験受験資格を得るための義務として「インターン制度」とよばれる実地修練制度が開始され、1948年には医師法にもとづく規定となりました。しかし、学生でも医師でもない修練生の地位や身分が不明確であること、ほぼ無報酬で医療行為を行なわせること、病院の指導体制が整っていないことなどが問題視されるようになりました。1960年代には制度廃止を求める学生運動が活発になり、1967年の医師国家試験では受験のボイコットまで起こったのです。その結果、1968年に医師法が改正されて大学の医学部を卒業した者はただちに医師国家試験を受験することができるようになり、医師免許取得後に2年以上の臨床研修を行なうように努めるものとする臨床研修制度が創設されました。

努力義務となった臨床研修においても、医学部卒業段階での医師の知識や技能が不十分であったため、ほとんどの研修医はすぐに専門診療科を決め、自分の出身大学の「医局」とよばれる、診療科をベースとした研修・診療・研究機能をもつ大学の組織単位に所属して関連病院の単一診療科で研修を受けていました。こうして、研修医の身分でありながら大学病院での一部の業務を担うことによって中堅医師の業務を軽減していたのです。

一方、大学病院側は、人材を確保しながら中堅医師を一般病院に派遣して財政負担を軽減し受け入れ側の一般病院が給与を支払って医師不足に対応するという、大学病院の医師派遣機能が成り立っていました。そして、研修終了後も出身大学の大学病院や関連病院で出身医局の専門診療分野で働くことにより、地方にも医師が行きわたっていたのです。

その一方で、各臨床研修施設の自由度が高かったため、全国一律の

研修体制を構築できず、研修プログラムや研修成果の評価が不明確であったり、研修する施設によって指導体制の施設間格差が激しかったりするという問題がありました。また、専門の診療科にかたよった研修が行なわれていたことや、大学病院では紹介患者が多く初診症例の診断経験を積むことが難しかったことから、基本的な診療能力の修得が不十分であるという批判もありました。

さらには、この体制においても、研修医の処遇が十分であるとはいえず、アルバイトをするために研修に専念できないという問題がありました。1990年代以降は、多発する医療事故の原因として研修の不十分さが指摘されたことに加え、研修医の過労死 →P.51 をめぐる裁判が行なわれてはじめて研修医は労働者であるとされ、研修医全体の労働条件を向上させる必要性が広く認識されるようになりました。こうした問題点を解消すべく、臨床研修制度の必修化が実現されることになったのです。

新制度により、統一的な基準の作成や基本となる診療科にわたった研修、処遇の改善などの効果は上がったのですが、思わぬ副作用が生じてきました。臨床研修制度の必修化にともなって導入されたマッチング →P.13 によって、母校の大学病院以外の研修施設を選択することが容易になったことに加え、研修医の募集定員に上限設定がなかったことから、研修希望者が比較的容易に好待遇で、また症例に接する機会も多い大都市の民間病院を選択するようになったのです。

その結果、労働力として多くの研修医をかかえることができなくなった大学病院は、人手確保のため、関連病院に派遣した中堅医師を引き揚げざるをえなくなりました。また、大学病院での研修体制を充実させるために、指導医となる中堅医師を派遣先から引き揚げるケースも目立つようになりました。こうしたことから、診療時間の短縮や入院病棟の閉鎖、さらには診療科の閉鎖に追い込まれる一般病院が続出したのです。また、新制度では診療科による勤務状況のちがいを知ってから進路が選べるようになったため、負担の少ない診療科を選

ぶ医師が増え、診療科ごとの偏在も広がりました。

　こうした状況をふまえ、2010年からは臨床研修の募集定員に都道府県別の上限を設け、臨床研修先の病院の指定基準を入院患者数年間3,000人以上として、病院の募集定員も医師派遣の実績などを考慮して設定されるよう変更されました。その結果、大都市部にない地方所在の病院への内定率が高まるという一定の効果が表れました。

> すべての問題が解決するような万能な制度はないということでしょうか……
> これから取り組むべき対策としてはどういったものが考えられるでしょうか？

◆ 医師偏在の解消に向けて

　実効性だけを考えれば、医師が不足している地域への強制派遣制度や、診療科や地域に厳格な定員を設ける計画配置制も考えられます。しかし、こうした対策については、医師みずからが将来の医療ニーズを見据えて適切に選択するというプロフェッショナル・オートノミー（専門家による自律）に反するという声や、医師の職業選択の自由を侵害するとして反対する声が強くあります。

　そもそも、医師偏在の要因として、地方の過疎化という社会的な変化は無視できません。人口の多い都市部では医療需要も拡大していることから、設備の整った医療機関でさまざまな症例に向き合おうとする医師が集まりやすくなります。その一方で、人口が減少している過疎地域では医療の数的需要は減少傾向にあるため、医療機関はコストの削減に取り組まざるをえず、医師にとっての就労環境も悪化してしまいがちなのです。

　よって、医療資源の確保に向けては、人手が不足している地域や診療科を医師がみずから進んで選ぶようになる対策が必要不可欠です。以下、3つの案を示します。

❶ 地元出身者を優遇する地域枠の拡充

　地元で生まれ育った学生は卒業後も地元の医療機関に定着する場合が多く、出身地の医学部に進学してそのまま離れないケースが、全体の約4分の1を占めています。そのため、地元出身者を優遇する地域枠の拡充が考えられます。たとえ入学者のレベルが多少低いとしても、学部教育の充実によって補うことは可能でしょう。

❷ みずからのキャリアを考える教育

　人口が減少している地域の診療所見学や、現場にいる医師との交流など、医師を志す高校生や医学部生にたいしてみずからのキャリアを考えさせる教育を行なうことは、地道ではあるものの着実な取り組みであるといえます。みずからが医師の偏在問題を解消する担い手になるという意思を自発的にもつことこそが、理想的な解決策です。

❸ 経済的なインセンティブの付与

　医師少数区域等で一定期間勤務した医師を厚生労働大臣が認定し、医師派遣機能などをもつ地域医療支援病院等の管理者（院長）となるための要件とするしくみが、2020年から始まりました。しかし、この効果が表れるまでには数十年かかるという声が上がっているため、報酬を増やしたり税制上の優遇を与えたりするといった、実感しやすい経済的なインセンティブを付与することが考えられます。実際、2022年に厚生労働省が発表した「医師少数区域経験認定医師に関する調査」結果において、申請理由として「国において、認定医個人等を対象とする経済的インセンティブの創設が検討されているから」をあげた医師は全体の約54.8％と最多を占めていることから、一定の効果が期待されます。

出題例の[解答・解説]

出題例 再録

> 医師偏在の解消に向けてどのような対策を講じるべきか、400字程度で書きなさい。

構想メモを書いてみよう!

地元出身者を優遇する地域枠の拡充 ● 地元で医師をめざす高校生

● 地元で生まれ育った学生は出身地の医学部に進学して離れない

　➡入学者のレベルの低下は、学部教育の充実によって補うべきである

みずからのキャリアを考える教育 ● 医師偏在解消の担い手となるという意欲

● 人口が減少している地域の診療所見学や現場にいる医師との交流を通じて、高校生や医学部生に医師偏在の状況を理解してもらう

　➡プロフェッショナル・オートノミー（専門家による自律）の観点からも、自発的な意思を引きだすことが重要

経済的なインセンティブの付与 ● 偏在解消対策への特効薬

● 医師少数区域等で一定期間勤務した医師の報酬を増やしたり税制上の優遇を与えたりすることによってメリットを実感しやすくする

　医師偏在の解消に向けた対策としては、地元出身者を優遇する地域枠の拡充策が効果的であることを示すデータが存在する。バランスよく提案することにこだわる必要はなく、みずからのキャリアを考える教育や経済的なインセンティブの付与について独自のアイディアが思い浮かぶようであれば、字数を多めに割いて提案してもよい。

🦉 合格点まであと一歩の答案例

● 第1段落

❶ まずは、一刻も早く、医師偏在指標で下位に入った県や、医師が不足すると見込まれる地域に向けて、医師を強制的に派遣する制度や診療科や地域に厳格な定員を設ける計画配置制度を導入すべきである。

● 第2段落

❷ 地域や診療科の医師偏在の問題は、奨学金という金銭的な契約で拘束された地域枠の対象者だけで解決できるものではなく、国全体の地域医療をどうやって守るのかという医師全体のあり方が試されているといえる。❸ とくに、若手医師にとって、患者を取り巻く家族や地域社会のあり方について理解しやすいへき地のような地域での勤務は、医師としての人格形成に大いに役立つだろう。

● 第3段落

また、慢性的な医師不足に対応するには、医学部定員の増員が不可欠である。❹ そもそも、過重労働が医療界の大きな問題となっていることから、若くて意欲のある医師を1人でも多く育てるべきである。そうした医師を、人材が不足する地方や診療科に補えば、医師の偏在問題は一気に解決に向かうであろう。

(405字)

全体を通じた コメント

　この答案は、「医師偏在の解消」という問題の解決策としては一定程度認められる内容となっており、合格レベルの答案例とみなすことも可能である。ただし、採点者によって評価が大きく変わってくる危険性があるため「あと一歩」としている。

　医師偏在の解消に向けては、強制力をともなった対策を打ちだすことも1つの手ではあるが、1人の労働者としての側面が強調されるようになってきた現代の潮流とはそぐわない。また、医学部の定数増加も、人口減少が進んでいくなかで医師の余剰を招く危険が高いため、望ましい対策とはいえない。

　このテーマで書くのであれば、国は医師の職業選択や居住の自由よりも医師不足のために必要な医療を受けられない人の生存権を優先して保護すべきであるといった主張や、医療現場全体の人手不足を解消できれば医師の偏在問題はおのずと解決に向かうと主張することにより受け入れられやすくなるだろう。

答案例へのコメント

➡❶：○ 「医師偏在指標」という用語を活用しながら思いきった提案を打ちだせている。

➡❷：△ やや理念的な説明が長くなっている。強制的な対策がなぜ肯定されるのかという説明がほしい。

➡❸：△ 若手医師に役立つことが強制的な対策を肯定する理由となるかどうかには疑問が残る。

➡❹：△ 「医師偏在の解消」というテーマからはずれた主張となっている。

神髄 3 大胆な提案を示す場合でも、ていねいに説明すれば評価される！

合格点がもらえる答案例

地元出身者を優遇する地域枠の拡充

　まず、地元出身者を優遇する地域枠を拡充し、地元で育った医師をめざす高校生を獲得すべきである。地元で生まれ育った学生は卒業後も地元の医療機関に定着する確率が高く、出身地の医学部に進学してそのまま住みつづける場合が多い。たとえ入学者のレベルが多少低いとしても、学部教育の充実によって補える。

みずからのキャリアを考える教育

　また、人口が減少している地域の診療所見学や現場にいる医師との交流など、医師を志す高校生や医学部生にたいして医師偏在の状況を理解してもらい、みずからが解消する担い手になるという意欲をもってもらう働きかけも大切である。また、プロフェッショナル・オートノミーの観点からも、自発的な意思を引きだすことが重要である。

経済的なインセンティブの付与

　さらに、医師少数区域等で一定期間勤務した医師の報酬を増やしたり税制上の優遇を与えたりするといった経済的なインセンティブを付与することも考えられる。メリットを実感しやすい対策をとれば、偏在解消につながる即効性が確保できる。

（410字）

全体を通じた コメント

目新しい提案はないのだが、第1段落で❶ 最も効果的な対策、❷ 地味ではあるが問題の抜本的解決につながる対策、❸ 即効性を重視した対策が提示できており、問題への確かな理解がうかがえる。また、構成としても、❶で読み手をひきつけ、❷で理想論を示しつつ、❸の現実策でバランスをとるといった工夫がみてとれる。

第2段落で「プロフェッショナル・オートノミー」という用語を効果的に活用できている点も高く評価できる。ほかの受験生との差をつけるために、専門用語や確度の高いデータは遠慮せず答案に盛り込もう。

答案例へのコメント

➡❶：◎　最も効果的な対策を最初に示せていて、読み手をひきつけることに成功している。

➡❷：○　自説を補強する裏づけとしての事実が提示できている。

➡❸：◎　自分の主張の弱点となる部分を、大学の責任を明確化することによって補強できている。

➡❹：○　オーソドックスだが、問題の抜本的解決をめざした対策が打ちだせている。

➡❺：○　「プロフェッショナル・オートノミー」という用語を効果的にいかせている。

➡❻：○　2つめの提案とのバランスをとり、早期に確実な効果が見込める対策を打ちだせている。

神髄 4

強制ではなく、主体的な意思が引きだせる対策を示そう！

テーマ **3**

医療事故

医療にたいする信頼を失わないために 　　頻出ランク ★★★★☆

 これがテーマの神髄だ！

★ 医療事故の実例

- 都立広尾病院事故
  - ➡生理食塩水液の代わりに別の患者に使う消毒液が間違えて投与されてしまった

★ 医療事故調査制度の誕生

- 医療事故調査制度 →P.39 ：処方医療事故の再発防止により医療の安全を確保することを目的
  - ➡医療に起因するか起因すると疑われる死亡・死産で、医療機関の管理者が予期しなかったものを対象とする
  - ➡個人の責任を追及するためではなく、匿名性の確保に配慮する
- 医療事故調査・支援センター →P.40 ：医療事故調査の報告先
  - ➡報告後は、家族の求めに応じて調査する役割も担う

★ 医療事故を防ぐために

- ➡アクシデントやインシデント →P.41 は重大な事故につながる
❶ 正しい技能と医療知識の習得
❷ 多職種による緊密なコミュニケーション
❸ 医療機関の安全管理体制の整備
❹ 医療事故調査制度の前向きな活用
  - ➡医療事故はシステムの不具合に原因があると考えて組織全体で改善を図る必要がある

テーマ［解説］

実際の出題例を見てみよう！

→解答・解説は p.45 〜

出題例

　重大な医療ミスを防ぐためにはどうすればよいと考えるか、400字程度で書きなさい。

（茨城県立医療大学・保健医療学部／改）

◆医療事故の実例

　私の兄は1999年生まれで、当時を振り返る番組を一緒に見ていたのですが、その年には点滴の薬剤を消毒薬と取り違えて患者が死亡した医療事故があったんですね……。

　この都立広尾病院事故は、東京都立広尾病院に手の関節リウマチの手術を受けるために入院していた患者が、別の患者に使う消毒液を投与されてしまい死亡してしまったというものです。

　手術の翌日、一人の看護師が処置室にある保冷庫から血液が凝固するのを防止するための生理食塩水液が入った注射器一本を取り出したのですが、同時に他の患者に使用する消毒液を注射器に吸い上げる作業を行っていたために取り違えてしまい、消毒液の入った注射器を患者の病室に運んでしまったのです。その後、主治医の指示を受けた別の看護師が点滴器具を使用して注射することとなったのですが、注射器を十分に確認することなく生理食塩水液が入ったものと信じ込んでしまい、患者に消毒液を注入してしまいました。

　投与後、患者から「胸が苦しい」と訴えられたため、当直の医師の指示で血管確保のための維持液の点滴が開始されたのですが、結果的に点滴ルート内に残っていた消毒液すべてを体内に注入する結果と

なってしまったのです。これにより容体は一層悪化し、最終的に誤投与に基づく急性肺塞栓症による右室不全により死亡させてしまったのでした。二人の看護師は業務上過失致死罪に問われ、誤って運んでしまった看護師には禁固一年執行猶予三年、消毒液を注入してしまった看護師には禁固八月執行猶予三年という有罪判決が言い渡されました。

　この2000年前後は深刻な医療事故が相次ぎ、1999年1月には横浜市立大学附属病院にて、心臓手術予定患者と肺手術予定患者を間違えて手術室へ移送し、本来の部位と異なる部位の手術が施行されてしまいました。また、2000年2月には京大病院にて、人工呼吸器の加湿器に蒸留水とエタノールを間違えて注入し、長時間にわたるエタノール吸入により患者が中毒死しています。さらに、2000年4月には、東海大学付属病院にて内服薬を誤って血管内に点滴したことで、1歳6か月の女児が死亡しています。

◆医療事故調査制度の誕生

医療事故が多発すると国民の医療にたいする信頼が失われ、安心して生活できなくなってしまいますよね……。国は何か対策を講じてきたのでしょうか？

　こうした医療事故が相次いだことで、医療安全の確保は医療政策における最も重要な課題という認識が強まり、取り組みが進みました。2001年には厚生労働省に医療安全推進室が設置され、2002年に医療安全対策検討会議にて「医療安全推進総合対策」が策定されました。2007年には、医療にかんする患者・家族等の苦情・心配や相談への迅速な対応や医療機関への情報提供を行う医療安全支援センターが制度化され、都道府県や保健所を設置する市および特別区で380か所以

上設置されています。

　そして2014年には、医療事故の再発防止により医療の安全を確保することを目的とした医療事故調査制度が医療法に盛り込まれ、2015年10月から施行されました。手術、処置、投薬およびそれに準じる医療行為（検査、医療機器の使用、医療上の管理など）が「医療」の範囲に含まれ、療養や転倒・転落、食物などがなんらかの理由で誤って喉頭と気管に入ってしまう誤嚥、患者の隔離・身体的拘束／身体抑制に関連する事案については、管理者が医療に起因し、又は起因すると疑われるものと判断した場合が対象になるとしています。

　そのうえで、調査対象となる医療事故は、「医療機関に勤務する医療従事者が提供した医療に起因し、又は起因すると疑われる死亡又は死産であって、当該医療機関の管理者がその死亡又は死産を予期しなかったもの」とされ、次の事項のいずれにも該当しないと管理者が認めたものと省令で定めています。

・管理者が、当該医療の提供前に、医療従事者等により、当該患者等に対して、当該死亡又は死産が予期されていることを説明していたと認めたもの。

・管理者が、当該医療の提供前に、医療従事者等により、当該死亡又は死産が予期されていることを診療録その他の文書等に記録していたと認めたもの。

・管理者が、当該医療の提供に係る医療従事者等からの事情の聴取及び、医療の安全管理のための委員会（当該委員会を開催している場合に限る。）からの意見の聴取を行った上で、当該医療の提供前に、当該医療の提供に係る医療従事者等により、当該死亡又は死産が予期されていると認めたもの。

（例）単身で救急搬送された症例で、緊急対応のため、記録や家族の到着を待っての説明を行う時間の猶予がなく、かつ、比較的短時間で死亡した場合

医療事故が発生した場合には、病院等の管理者は速やかにその原因を明らかにするために必要な調査を行なわなければなりません。そして医療事故調査においての注意点として、次のような内容が通知で示されています。

・本制度の目的は医療安全の確保であり、個人の責任を追及するためのものではないこと。
・調査の対象者については当該医療従事者を除外しないこと。
・調査の過程において可能な限り匿名性の確保に配慮すること。
・当該医療従事者のヒアリング結果は内部資料として取り扱い、法的強制力がある場合を除いて開示しない旨をヒアリング対象者に伝えること。
・原因も結果も明確な、誤薬等の単純な事例であっても、調査項目を省略せずに丁寧な調査を行うこと。
・調査の結果、必ずしも原因が明らかになるとは限らないことに留意すること。
・再発防止は可能な限り調査の中で検討することが望ましいが、必ずしも再発防止策が得られるとは限らないことに留意すること。

　病院等の管理者は、医療事故調査を終了したときは、遅滞なく、その結果を医療事故調査・支援センターに指定されている一般社団法人日本医療安全調査機構に報告しなければならないとされています。報告にあたっては、あらかじめ遺族にたいして現場医療者など関係者について匿名化したうえでセンターへの報告事項の内容を説明しなければなりません。なお医療機関からの報告後は、家族の求めに応じて第三者の立場から医療事故調査・支援センターが調査することもできます。

◆医療事故を防ぐために

個人の責任追及ではなく再発防止が目的であるという認識を広めていきたいですね。そもそもとして、医療事故の発生自体を防ぐためにはどうすればよいのでしょうか？

　医療事故に関連する用語として、**アクシデント**（医療事故）と**インシデント**（偶発事象）があります。アクシデントは、事件が事故を引き起こし、患者や家族に障害もしくは不利益を及ぼしてしまったもののことを指す用語です。一方インシデントとは、ある医療行為が仮に実施されたとすれば、患者にたいしなんらかの被害が予測される場合や、患者に実施されてしまったものの結果的に被害がなく、またその後の観察も不要であった場合などを指す用語です。

　また、インシデントとほぼ同じ意味を持ち、現場での普及啓発を目的とした用語として**ヒヤリ・ハット**があります。ヒヤリ・ハットは、患者に被害を及ぼすことはなかったものの、日常診療の現場で「ヒヤリ」としたり「ハッ」としたりした経験を有する事例のことで、当事者の実感がともなっていることが特徴です。一方でインシデントは、無意識のうちに犯しているミスも含まれるため、より範囲が広いといえるでしょう。

　さらに、アメリカの損害保険会社の安全技師であったハーバート・ウィリアム・ハインリッヒ氏が労働災害の発生確率を分析した**ハインリッヒの法則**にも触れておきたいと思います。ある事故が330回起きるとき、そのうち300回は怪我をともなわず、29回には軽いけが、1回には重いけががともない、すべての事故の背景におそらく数千に達すると思われるほどの不安全行動と不安全状態が存在しているというもので、**1:29:300の法則**ともよばれています。これは、医療界のみならず、産業界全体に広く浸透している考え方です。

これをふまえ、医療事故を防ぐために具体的にどのような点に気をつけるべきか、四つ取りあげたいと思います。

❶　正しい技能と医療知識の習得

当然の原則ではありますが、すべての医療従事者は、患者の安全を最優先し、安全に医療を提供する責務があることを認識して業務にあたらなくてはなりません。医療従事者としての基本的な倫理観を常に忘れず、適切な技能を身につけ、日々進歩する医療の最新知識を学び続けることが必要です。また、自己の行動特性やみずからの健康状態を原因とするリスクを可能な限り低減するために、心身の健康状態を良好に保つよう心がけなければなりません。

医療事故の中でも頻度が高いとされる与薬を例に取ると、まず医師は多くの薬剤に精通していなくてはなりません。なかでも、投与方法が厳密に決められていたり投与とモニタリングが複雑だったりするような薬剤は、患者に害を与えるリスクが高いため、十分に把握しておく必要があります。一方で、ポケット版の処方集や、薬剤選択と調剤を支援するコンピュータソフトウェアを活用して自分の記憶に頼りすぎないことも大切です。あまりなじみのない薬剤を処方する必要がある場合は参照用の資料を活用してよく調べるようにし、表面的な理解で処方することのないようにします。

近年では、抗がん剤をはじめとする多数の新薬が開発・認可されてきたことで利用できる薬剤の数や種類が爆発的に増え、投与経路や作用時間の多様化が進んでいます。また、医療環境の変化にともない後発医薬品（ジェネリック医薬品）→ P.211 の採用が増加してきたことで、同一薬効の薬品名が複数存在するなど薬剤の高度な安全管理の必要性が高まっています。そのため、院内の最新の採用情報について薬品名や規格などを十分に確認しておくことも重要です。

❷　多職種による緊密なコミュニケーション

個人が注意を払うだけでは医療事故を防止できません。現在の医療

は医療機関のシステムの中で、**チーム医療** →P.16 として行なわれることから、チームの一員として自己の役割を認識し、ほかの従事者との十分な意思疎通と信頼関係にもとづいた緊密な連携によって安全な医療を実践する必要があります。

具体的には、<u>ダブルチェックや復唱などスタッフ間での十分なコミュニケーションによって、エラーにつながりかねない思い込みを最小限に抑えることが可能となります。</u>一方で、<u>特定の略語の使用や指示の文字が判読できないといったあいまいなコミュニケーションは医療事故のリスクを高める要因となるため注意が必要です。</u>また、スタッフの経験不足や体調悪化、業務過多や業務の中断なども医療事故のリスクを高めるため、<u>チームのほかのメンバーがミスをしないか目配りすることも大切</u>です。

とくに医師は、尊大な態度で周囲のスタッフを萎縮（いしゅく）させることなく、疑問や提案を率直に話せるような関係性の構築に努めるべきです。医療事故を防ぐという医療機関の大きな目標達成のために、すべての医療従事者が対人リスクを負うことなく安心して意見を交わせる場を積極的に生み出していく責務があります。

❸ 医療機関の安全管理体制の整備

医療機関が組織体系として安全管理体制を整備していくことも重要です。組織横断的に安全管理を担う部門を設置し、医療安全管理者等が組織横断的立場で調整を図っていく必要があります。そのうえで、安全管理にかんする各部門等からの意見を取りまとめて全体の活動方針や予算を定め、医療機関を一つの組織体として適正に管理していかなければなりません。

また、業務の質や量、医療従事者個人の資質や能力に応じて人員体制を整備することも重要です。とくに、<u>重篤な状態の患者にたいし継続的に集中治療を施すようなリスクの高い部署</u>や、<u>多様で複雑な業務を少人数で遂行しなければならない早朝といったリスクの高い時間</u>

帯、心理的重圧を受けやすい新人や部署異動直後の職員には十分な配慮が求められます。さらに、医療従事者が健康を保持しつつ業務にあたることができるよう、重度の疲労を招きかねない勤務シフトの回避や長時間勤務における休憩・休息時間の確保など、適正に勤務時間を管理することも大切です。

❹　医療事故調査制度の前向きな活用

　医療事故調査制度は全ての病院、診療所、助産所が対象とされていることから、国は当初、医療事故発生報告件数を年1,300件以上と見込んでいました。しかし、2015年の制度開始後2022年末まででの合計で2,548件の報告に留まっており、実際の事故数よりも少ないのではないかと見られています。そのため、客観的な報告基準を設けたり第三者機関や学会が判定にかかわったりして報告と調査が適切に行なわれるように改めることや、医療機関からの報告がない案件についても医療事故調査を可能にすべきであるという声があがっています。

　報告数が少ない理由としては、次のような原因が考えられます。

- ❶　事故と判断するかどうかは医療機関側に委ねられていること
- ❷　患者や家族に制度の存在をほとんど知られていないこと
- ❸　現場の医療者の制度にたいする理解が十分ではないこと
- ❹　地域や病院によって報告数にばらつきがあること
- ❺　個人の責任追及につながりかねないと懸念されていること

　しかし、調査に前向きでない姿勢は患者側の医療機関にたいする信頼感を損なう要因や類似の事故が再発する要因となりかねません。医療事故を防ぐには、医療事故の責任の所在を明確にして処分したり非難したりするのではなく、むしろシステムの不具合に原因があると考えて組織全体で改善を図る必要があるのです。責任追及ではなく再発防止を図るという制度本来の目的を医療機関が強く認識し、より多くの情報を共有できるようにして、すべての医療機関が一丸となって医療事故防止に努めていく体制を構築していくことが求められます。

出題例の[解答・解説]

出題例 再録

重大な医療ミスを防ぐためにはどうすればよいと考えるか、400字程度で書きなさい。

 構想メモを書いてみよう!

多職種による緊密なコミュニケーション ◀ 全体で助け合う姿勢

- あいまいなコミュニケーションは避ける
- ダブルチェックや復唱などによって思い込みを最小限に抑える
- チームのほかのメンバーがミスをしないか目配りする

医療機関の安全管理体制の整備 ◀ 一つの組織体としての責務

- リスクの高い部署や時間帯、新人や部署異動直後の職員に十分配慮しつつ、組織横断的に管理していく

医療事故調査制度の前向きな活用 ◀ 医療全体で再発防止に努める

- 医療事故の責任を個人に押しつけようとするのではなく、システム全体を安全性の高いものにしていく

重大な医療ミスを防止する対策としては、つい医療従事者個人の責任や資質に目がいきがちになるが、組織全体として取り組もうとする姿勢を示すことが大切である。チーム医療の観点から、どのような取り組みが有効か、具体的に説明する意識を高く持ってほしい。

なお、医療事故調査制度については重大事故が発生したあとの取り組みであるため、再発防止という目的を明確にして取りあげるようにしたい。

🎯 合格点まであと一歩の答案例

第1段落

　医療はそれぞれ異なる症状を有する患者にたいして、個別に医療従事者の知識や技術が提供される特性を有する。そのため、医師を中心とした医療従事者個人による、医療事故を防ごうとする高い意識と地道な努力こそが何より重要である。医療従事者としての基本的な倫理観を常に忘れず、適切な技能を身につけ、日々進歩する医療の最新知識を学び続けなくてはならない。そして常に緊張感を持ち、スタッフそれぞれがミスを犯さないか監視しあう必要がある。

第2段落

　また、制度的な抑止策として、医療事故に関与した医療従事者にたいする罰則の強化にも取り組むべきだ。免許剥奪などの行政処分や徹底した情報公開によって見せしめの効果が期待され、注意力の大幅な向上が図られることが期待される。

第3段落

　それでも万が一医療事故の当事者になってしまった場合には、なぜこうした事故を発生させてしまったのか、みずからの過失を深く反省し、少しでも罪を償うために損害賠償に全面的に応じなくてはならない。

(409字)

全体を通じた コメント

　医療事故をまるで医療従事者個人の犯罪行為であるかのように書き立てており、まったく評価できない答案となっている。

　患者の安全を最優先し、安全に医療を提供する責務があることを認識して業務にあたることは医療従事者には当然求められるが、一人の人間としておのずと限界はある。医療事故にたいする非難や処分が横行すれば、ほとんどの医療従事者は自分の名誉や仕事を守ろうとして事故の原因について語ろうとしなくなってしまう。

　また、過剰に医療従事者の責任を問うような施策は、望ましくない結果を恐れて医療行為をためらったり、逆に医学的に根拠の乏しい過剰な医療行為が行なわれたりするような萎縮医療を招きかねない。さらに、医療事故を防ぐことばかりに意識が向かい、医療現場に不信感や徒労感が高まれば、離職者の増加やさらなる人手不足の深刻化も引き起こしてしまうだろう。

答案例へのコメント

➡❶：✕　近年の医療は複雑化していることから、医療従事者個人の技術や知識にもとづいた医療安全の確保は困難になっている。

➡❷：△　「正しい技能と医療知識の習得」は医療事故の防止策の一つとしては重要な視点だが、個人の責任を強調しすぎる記述は避けたほうがよい。

➡❸：✕　「監視」という言葉はスタッフ間の信頼関係の欠如を感じさせる。

➡❹：✕　医療従事者を萎縮させる効果しか生まず、ますます医療事故が明るみに出ることが期待できなくなる。

➡❺：△　患者や家族に誠意を示すことは大切だが、真相究明と再発防止に努める姿勢を示すことも重要である。

神髄
⑤

> 過剰に医療従事者の責任を問うような施策は萎縮医療を招きかねない！

• 多職種による緊密なコミュニケーション

❶まず、多職種の緊密な連携が求められる。❷誤解を招くようなあいまいなコミュニケーションは避け、ダブルチェックや復唱などによってエラーにつながりかねない思い込みを最小限に抑えたり、チームのほかのメンバーがミスをしないか目配りしたりすることが不可欠である。❸とくに医師は、医療事故を防ぐという目標のために、すべての医療従事者が疑問や提案を率直に話せるような場を積極的に生み出していく責務がある。

• 医療機関の安全管理体制の整備

❹また、医療機関が組織体系として安全管理体制を整備していくことも重要である。❺リスクの高い部署や時間帯、新人や部署異動直後の職員に十分配慮しつつ、組織横断的に管理していかなければならない。

• 医療事故調査制度の前向きな活用

❻さらに、医療事故調査制度を積極的に活用してより多くの情報を共有できるようにし、すべての医療機関が一丸となって医療事故の再発防止に努めていく必要がある。❼医療事故の責任を個人に押しつけようとするのではなく、システム全体を安全性の高いものにしていこうとする姿勢が何より求められる。

(421字)

全体を通じた コメント

「重大な医療ミスを防ぐ」という問題文で定められた目標に向けて、全体を通じて「医療事故の責任を個人に押しつけ」るような印象を与えない答案となっており、高く評価できる。答案の最後で強調している「システム全体を安全性の高いものにしていこうとする姿勢」の表れとして、多職種の連携や医師の責任に加え、医療機関の管理体制に触れられており、バランスもよい。

多職種による緊密なコミュニケーションについては、具体的な取り組みについても例示されていることで、理解の深さをアピールできている。また、医療機関の安全管理体制の整備についても、とくに注意すべき対象が明示できていて読みやすくなっている。そして医療事故調査制度の前向きな活用については、すでに起きてしまった「重大な医療ミス」を繰り返さないことを目的とした、広範な視点での防止策として提示できている。

答案例へのコメント

➡❶：○ 医師や看護師、薬剤師といった多職種の連携は医療事故の防止に必要不可欠な取り組みであり、是非とも取りあげるべきである。

➡❷：◎ 連携する上での注意点や具体的な取り組みが説明できている。

➡❸：◎ 医師が果たすべき役割を強調できていて好感が持てる。

➡❹：○ 医療機関を一つの組織体として適正に管理していく重要性を示せている。

➡❺：◎ 組織管理上とくに配慮すべき点について言及できている。

➡❻：◎ 医療事故調査制度の活用を再発防止という観点で示せている。

➡❼：◎ システムとして医療事故防止に取り組む重要性を強調できている。

神髄⑥ ミスを特定の個人の責任とせず全体で防ぐ姿勢を示そう！

医師の働き方改革

ワーク・ライフ・バランスをどのように実現すべきか 頻出ランク ★★★★★

 これがテーマの神髄だ!

★ 医師の働き方改革とは

- 2024年度から、勤務医の残業の上限は年960時間に
  - ➡地域において重要な役割を果たす医療機関の残業の上限は、2035年度末までの暫定的な特例水準として年1,860時間に
  - ➡研修医 →P.12 や専門研修中の医師も同様の水準に
  - ➡医師の健康確保を求める立場からの反対や、地方の医療が立ち行かなくなるおそれがあるという懸念がある

★ 応召（招）義務とは

- 応召（招）義務 →P.54：正当な理由がないかぎり診療を拒めないという、医師特有の職業規範
  - ➡勤務医を労働者扱いせずに過酷な長時間労働を黙認してきた
  - ➡厚生労働省は、2019年に、緊急対応が不要な場合で、診療時間外・勤務時間外である場合には、即座に対応する必要はないと明示

★ 医師の働き方改革に向けた対策

1. 現場の対策：業務時間の縮小・夜間・休日業務の削減など
2. タスク・シフト →P.56：医師の仕事の一部を看護師など他職種に移管すること
3. 患者自身の医療へのかかり方：国民全体で医療を守る
4. 適正待遇の実現：人件費を手厚くして医師を十分に確保する
   - ➡第三者機関による検証や評価が必要であるという指摘も

テーマ [解説]

実際の出題例を見てみよう!

➡解答・解説は p.59 〜

出題例

　医師の長時間労働を改善するにはどうしたらよいか、400 字程度で書きなさい。

（昭和大学・医学部／改）

◆ 医師の働き方改革とは

　大学病院の勤務医である兄は毎日とても忙しく働いているのですが、たしか、国は働き方改革を進めているのですよね？

　長時間労働が当たり前とされる労働環境はじつに厳しいといえます。また、<u>精神障害による過労自殺者や働きすぎによって死亡する過労死、長時間労働による健康障害の増加は、かけがえのない生命や健康を医師から奪うだけでなく、社会にとっても大きな損失です</u>。本来、仕事は人生を充実させていくための金銭を得る手段であったり、自己実現の場であったりするはずなのに、仕事によって生活や生命が脅かされる事態は本末転倒であるといえるでしょう。

　このような、仕事と生活の調和であるワーク・ライフ・バランスを改善するため、政府は、2018年に、労働条件にかんする最低基準を定める労働基準法をはじめとした労働関係の8つの法律を一括して改正する働き方改革関連法案を成立させました。これにより、原則として残業の上限は月45時間、年360時間、特別な事情がある場合の上限も、休日労働を含めた場合には月100時間未満、2〜6か月の平均ならば月80時間までと定め、違反企業には罰則を科すこととしました。

この上限は、仕事がおもな原因で脳梗塞などの脳血管疾患や心筋梗塞などの心疾患が発症したと認定され、労災保険によって補償される基準として厚生労働省が定めたものと一致します。

　この法律には、終業時刻と次の始業時刻のあいだに一定の休息時間を確保する勤務間インターバルを設けることを企業の努力義務としたり、正規社員と非正規社員の不合理な待遇差を解消する同一労働・同一賃金の実現を求めたりするなど、これまでの労働慣行を抜本的に見直すという目的があります。しかし、人手不足の建設業や自動車運転業に加え、医師にかんしては別途規制方法を省令で定めることとして、適用が5年間先送りされてしまったのです。

　2019年には、猶予後の2024年度から、病院や診療所（クリニック）で患者に対応する診療を担当する勤務医に、脳・心臓疾患の労災認定基準における時間外労働についての上限である「複数月平均80時間以下」を考慮して12か月分の年960時間を残業の上限とし、以下のような追加的健康確保措置が努力義務として課されることになりました。なお、厚生労働省が2019年に実施した調査結果によると、約4割の勤務医が月80時間を超えて時間外労働をしているとされています。

❶　当直明けの連続勤務は、原則として前日の勤務開始から28時間までとする

❷　当直および当直明けの日を除き、24時間の中で9時間程度を超える連続勤務後は、次の勤務までに9時間のインターバルを確保する

❸　❶や❷がやむを得ない事情によって例外的に実施できなかった場合には、代わりに休息をとることによって疲労回復を図る

　病院や診療所において通常の診療時間外の夜間に勤務することを「宿直」、休祝日等の日中に勤務することを「日直」、宿直と日直をあわせて「当直」といいます。医療法第16条には「医業を行う病院の管理者は、病院に医師を宿直させなければならない」という定めがあ

るのですが、医療機関における宿直業務は、病室の定期巡回や少数の要注意患者の検脈、検温などの軽度または短時間の業務に限り、夜間に十分な睡眠時間が確保されなければならないとされています。しかし、実態としては、入院患者の急変や夜間に来院する患者への対応などで宿直業務の範囲を超え、医師が一睡もできずに次の日勤帯の勤務に入るという事例も少なくなく、医師の過重労働につながっているとされます。そのため、まとまった休息がとれるよう求められました。

これらに加えて、長時間労働となってしまう医師一人ひとりの健康状態を確認し、必要に応じて就業上の措置を講じることを目的として、面接指導を行なうことを義務化しています。

ただし、2024年段階ではまだ約1万人の医師不足状態が存在し、都道府県単位で医師の偏在を解消する目標年は2036年とされています。当面は医師の献身的な長時間労働に頼らないかぎり医療の確保が難しいため、地域において重要な役割を果たしている医療機関については、経過措置として、2035年度末までは残業上限を年1,860時間とする特例水準を設けました。約8,000ある病院のうち約1,500程度が特例水準を適用できることになりますが、医師の勤務時間の上位1割の労働時間が確実に短縮されるとしています。

さらに、研修医 →P.12 や専門研修中の医師が一定の知識や技能を身につけるために必要な診療経験を得る期間が長期化し、医師の意欲に応えられないだけでなく医師養成の遅れにつながったり、新しい診断・治療法の活用・普及等が滞ったりするおそれがあることから、一定の期間に技能向上のための診療を必要とする医師についても残業上限を年1,860時間とする特例水準を設け、将来的には引き下げるという方針を固めました。こうした特例を適用する場合は、年960時間を上限とした場合に努力義務として課されていた3つの追加的健康確保措置が義務化されます。

とはいえ、この特例水準は月155時間の残業に相当し、週1回程度の当直を含む週6日勤務で1日14時間ほど働くことになります。また、当直明けは昼までになるという勤務イメージであるため、医師の健康確保や労働時間短縮を求める立場からは賛同できないとする意見が強くあります。

　しかし、その一方で、少ない医師が多数の患者を診ている病院は多く、若手医師を中心に長時間残業が常態化しているため、年1,860時間の特例水準であっても、診療体制が崩れ、地方の医療が立ち行かなくなるおそれがあるという懸念も、病院団体側にはあります。

これまで医師が労働者として扱われてこなかったことには、ちょっと納得いきませんね。どうしてこれほどまでに過酷な働き方が広がってしまったのですか？

◆応召（招）義務とは

　勤務医を労働者扱いせず過酷な長時間労働が黙認されてきた背景には、医師法第19条第1項に「診療に従事する医師は、診察治療の求があつた場合には、正当な事由がなければ、これを拒んではならない。」と定められた応召（招）義務にもとづく、正当な理由がないかぎり診療を拒めないという、医師特有の職業規範があります。

　明治時代に制定された旧刑法には「急病人の招きに応ぜざる」医師にたいして罰則が定められていたのですが、1948年の医師法制定当時もみずから病院・診療所を経営する開業医の力で患者の求めに応えることが期待されたことから、この規定が残されました。しかし、現代の医療は個々の医師のみならず医療機関を含む地域の医療提供体制全体で提供されるものであることから、応召義務は、国が医師に課した公法上（法律上）の義務にすぎず、医師が患者にたいして直接負担する義務ではないとされています。実際に、これまで応召義務違反に

よる医師免許剝奪といった行政処分は確認されていません。

その一方で、この規定の存在により患者から診療を求められた場合にはどんな場合でも拒否してはならないと社会的に誤解されてきた側面があります。純粋な法的効果以上に、医師個人や医療界にとって行為規範として強い効力をもっていることが、過重労働につながってきたのです。

こうした状況をふまえ、地域の医療提供体制を確保しつつ、応召義務にかんする規定が医師個人に過剰な労働を強いることを防ぐため、厚生労働省は、2019年に、どのような場合に診療の求めに応じないことが正当化されるか否かについてあらためて通知を公表しました。

それによると、病状が深刻で緊急対応が必要な救急患者などについては、医師が診療時間外・勤務時間外の場合でも応急的な処置をとることが望ましいとしています。ただし、診療が事実上不可能な状況では診療を拒むことも正当化されます。

一方、緊急対応が不要な患者については、医師が診療時間外・勤務時間外の場合には即座に対応する必要はなく、時間内の受診依頼や、ほかの診察可能な医療機関の紹介などの対応をとることが望ましいとされています。また、診療時間内・勤務時間内の場合でも、診療内容に関係のないクレームを繰り返すといった迷惑行為によって信頼関係を損ねている患者、医療費の支払能力があるのに悪意から支払わない患者、入院の継続が必要ない場合の退院や転院、文化や言語のちがいなどによって診療行為そのものがきわめて困難であるといった場合は新たな診療を行なわないことが正当化されます。

医師の世界にも働き方改革が進んでほしいのですが、何か打てる手はないのでしょうか？

◆医師の働き方改革に向けた対策

　医師の働き方改革を進めていくうえで根本的な解決策として期待されるのは、地域や診療科によって生じている人手不足の解消です。その対策を4つ示します。

❶　現場の対策

　比較的影響が小さく、現場で取り組める対策があります。それは、午後の新規患者の受付をやめたり土曜日の外来診療を短縮したり、深夜帯の軽症患者の受け入れを中止するといった業務時間の縮小、患者や家族への説明を平日の診療時間内に限定するといった夜間・休日業務の削減、あるいは、病状が安定した患者にたいして近隣病院への転院を促進するといった病院の規模や機能に合わせた役割分担の推進などです。

❷　タスク・シフト

　医師の仕事の一部を看護師など他職種に移管することを「タスク・シフト（タスク・シフティング）」といいます。医師の働き方改革を着実に進めていくためには、チーム医療 →P.16 の推進により他職種も含めた効率化に取り組むことが不可欠です。タスク・シフトを進めるためには、どういった業務が医師の指示の下で実施可能かといった医療従事者全体の制度面への理解の促進に加え、マニュアルの作成や研修システムの構築、そして看護師をはじめとしたタスク・シフトされる側の余力の確保が求められます。

　現行制度上実施可能な業務として、医師が診察をする前に診察する医師以外の者が予備的に患者の病歴や症状などを聞いておく予診、医師が診断の手がかりを得たり患者の状態等の評価を行なったりするために患者に現在の病状、過去の病歴（既往歴）などを聞く問診、患者に向けた説明と同意、書類の下書きや仮作成などがあります。なお、医師でなければ作成できない診断書作成などについて医師の事務作業を補助するスタッフのことを「医師事務作業補助者（医療クラーク）」

といいます。資格はとくには不要であることから、今後拡大していくと期待される職種です。

　また、2015年からは、大学などの指定機関で研修を受けた看護師は、医師作成の手順書にもとづけば高度で専門的な知識や技能を必要とする特定行為が可能になる規制緩和が導入されています。この施策で、それまで医師が実施していた外来との調整や病棟看護師からの相談・報告への対応といった業務を特定行為研修修了者が担えるようになったことにより、特定行為研修修了者の配置後に、医師による1週間あたりの指示回数が減少したり、医師の年間平均勤務時間が短縮したりするといった効果が生まれています。

　そのため、厚生労働省は、特定行為が可能な看護師を2025年までに10万人以上養成しようとしているのですが、受講時間の多さや研修費の高さから、該当者は2022年3月末時点で4,800人程度にとどまっています。また、現行の医師の指示のもとでの診療の補助枠を超えない特定行為研修制度では対応不可能な医療へのニーズも少なくないことから、医師の監督のもとに一定レベルの診断や治療、薬の処方などができるナース・プラクティショナー（診療看護師）や、医師の監督のもとに、診察、薬の処方、手術の補助など医師が行なう多くの医療行為をカバーする医療従事者であるフィジシャンアシスタントといった、すでにアメリカで多く活躍している新たな職種の創設も検討課題としてあがっています。

　ほかにも、医師や看護師が担っている静脈路の確保を診療放射線技師、臨床検査技師、臨床工学技士でも可能にするといった、法令改正によって実現可能となるタスク・シフトも少なくなく、医療の質を保証しながら多くの医療専門職種がみずからの能力をいかして対応できるしくみを整えることが重要です。

❸ 患者自身の医療へのかかり方

医師も1人の労働者であり、心身ともに限界があります。長時間労働による医師の疲弊は医療事故の大きな要因となるため、最終的には患者の不利益につながってくることを認識して、患者の医療へのかかり方を変えていくことも重要な対策です。高い効果が期待できる施策として、大きな病院が高度な医療を必要とする患者の対応に専念できるよう、軽症の場合は地域のかかりつけ医 →P.224 に診てもらうようにすることがあげられます。さらに、受診時間を短縮するため、医師への説明が要領よくできるように患者が自分の症状について時系列に沿って記録しておいたり、患者が夜間や休日に安易に受診しないよう平日の昼間に受診しやすくするような働き方改革を推進したりするなど、国民全体で医療を守るために行動していくことが求められます。

❹ 適正待遇の実現

病院の勤務医が不足している理由として、開業医にくらべて仕事がきついのに待遇がよくないことがあげられています。そのため、勤務医不足を解消する施策としては、人件費を手厚くすることが考えられます。この施策をとれば、医師が十分に確保でき、長時間労働も是正されると期待されます。政府は、医療行為や薬の対価として医療機関が受け取る診療報酬の2022年度改定において、夜間の看護・看護補助配置強化を評価する加算の点数引き上げを行なうなどの対策を講じました。また、救急搬送が年間2,000件を超える救急病院や母子医療センター、救急搬送が年間1,000件を超えるNICU（新生児集中治療管理室）設置病院に対しては、厚生労働省が公表している「医師労働時間短縮計画作成ガイドライン」にもとづいて「医師労働時間短縮計画」を作成した場合には地域医療体制確保加算を認めました。ただし、増えた収入をどう使うかという判断は、病院側にゆだねられているため、勤務医の激務の緩和につながる待遇改善の実効性が高まるよう、第三者機関による検証や評価が必要であるという指摘もあります。

出題例の 解答・解説

　医師の長時間労働を改善するにはどうしたらよいか、400字程度で書きなさい。

 構想メモを書いてみよう！

| 現場の対策 | 実効性が高く、比較的取り組みやすい対策の提示 |

● 夜間・休日業務の削減に取り組み、医師の業務時間の短縮を図る

| タスク・シフト | 医師の仕事の一部を他職種に移管する |

● 医師事務作業補助者（医療クラーク）の採用や、看護師を対象とした特定行為研修の受講を促す

● 法令改正や、ナース・プラクティショナーのような職種の創設

| 適正待遇の実現 | 大きな病院における人手不足の解消策 |

● 勤務医の人件費を手厚くすることにより、開業医と同等の待遇を実現する

● 交代勤務や複数主治医制などを導入して医師を十分に確保する
　➡第三者機関による検証や評価体制も整備すべきである

　医師の長時間労働の改善策としては、人手不足の解消、業務時間の短縮、業務の他職種への移管、患者の受診態勢の変容、適正待遇の実現などを取りあげることが可能である。なかでも確実な効果が見込めるのがタスク・シフトであるため、ぜひ答案に組み込みたい。
　医学部入試の答案であるため、患者にばかり責任を押しつけるような論調は避けるべきである。その一方で、医師の長時間労働を必要悪として認めてしまうことも、時代の流れに逆行するため勧められない。

🎯 合格点まであと一歩の答案例

第1段落

　政府が推進する働き方改革の中で医師への適用は見送られているが、過酷な長時間労働を強いられている医師のワーク・ライフ・バランスを改善すべく、ほかの職種と同様の残業上限を早急に設けなければならない。

第2段落

　そのためには、患者から診療を求められた医師はどんな場合でも拒否してはならないという社会的な誤解をなくすべく、応召義務を定めた医師法を改正すべきである。また、救急指定病院を除き、診療時間外に対応することを取りやめるべきである。長時間労働による医師の疲弊は医療事故の大きな要因となるため、最終的には患者の不利益につながってくるという認識を広める必要がある。

第3段落

　そして何より、医師の働き方改革を進めていくうえで根本的な解決策として期待されるのは、地域や診療科によって生じている人手不足の解消である。そのために、国は、医師が不足している地域や診療科に強制的に医師を配置するよう、主導的な役割を果たしていかなければならない。

(399字)

全体を通じた コメント

　悪くない部分も見受けられるのだが、全体を通してむだな言及や極端な提案が多く、的はずれな答案になってしまっている。もちろん、医師の長時間労働の実態は一刻も早く是正すべきではあるのだが、あまりに急激な労働時間の短縮は医療提供体制の崩壊に直結してしまう。ほかにも、患者の健康をあからさまに無視するような提案や、医師免許の取得緩和や外国人医師の積極採用といった荒っぽい提案は受け入れられにくい。地に足のついた対策を打ちだす必要がある。

答案例へのコメント

→**①**：△　現状把握やめざすべき方向性は間違っていないのだが、「ほかの職種と同様の残業上限を早急に設けなければならない」という提案は極端すぎる。

→**②**：△　社会的な影響はある程度期待できるが、実質的な業務削減にどの程度つながるかは不透明である。

→**③**：✕　救急指定病院を除いてしまうと効果は限定的である。また、診療時間外に対応することを完全に取りやめるという提案は極端すぎる。

→**④**：△　指摘自体はそのとおりなのだが、医師の長時間労働を改善する対策につながるとはいえない。

→**⑤**：◎　人手不足は、地域医療の崩壊を防ぐために医師の長時間労働が黙認されていることに原因があるので、この認識は正しい。人手不足の解消こそが、中核をなすべき対策である。

→**⑥**：✕　日本国憲法第22条に「何人も、公共の福祉に反しない限り、居住、移転及び職業選択の自由を有する」と定められているため、これでは憲法違反である。

神髄⑦　理想論や極論ではない、現実的な対策を打ちだそう！

🦉 合格点がもらえる答案例

・現場の対策

❶まずは、患者が平日昼間に受診しやすくするような国全体の働き方改革を推進しながら、夜間・休日業務の削減に取り組み、医師の業務時間の短縮を図るべきである。

・タスク・シフト

❷また、医師事務作業補助者の採用や看護師による特定行為研修の受講を促し、医師の仕事の一部を看護師など他職種に移管するタスク・シフトに取り組むことが重要である。❸現場のニーズへより的確に対応すべく、医師の監督のもとに診断や治療、薬の処方などができるナース・プラクティショナーのような職種の創設も視野に入れるべきである。

・適正待遇の実現

❹さらに、長時間労働が常態化している大きな病院において勤務医の人件費を手厚くして開業医と同等の待遇を実現し、交代勤務や複数主治医制などを導入して医師を十分に確保できれば、長時間労働の是正が期待できる。❺国は、診療報酬の加算によって財源を確保するだけでなく、勤務医の激務の緩和につながっているかどうかを検証・評価する第三者機関を整備すべきである。

(400字)

全体を通じた コメント

「医師の長時間労働を改善する」ための対策として実効性と実現性の両方を兼ね備えた対策を数多く打ちだせており、医師の働き方改革について豊富な知識をもっていることがうかがえる。

理解の深さをはっきり示すためには、専門用語を適切に用いたうえで、実際に検討が進められている論点を取りあげることが大切である。その点において、今回の答案は、病院単体で取り組み可能な対策に加え、タスク・シフトの推進や複数主治医制の導入などを取りあげている点がよい。また、ナース・プラクティショナーのような新たな資格の創設といった、将来を見据えた課題にまで言及できている点も高く評価できる。

さらに、人件費を手厚くすることにより勤務医という働き方を選びやすくする方策や、実効性を高めるための第三者機関による検証や評価の必要性など、人手不足の解消策にも目が行き届いている。

答案例へのコメント

→**❶**：〇 医師の業務時間の短縮に直結する対策が示せている。

→**❷**：◎ 「医師事務作業補助者」「特定行為研修」「タスク・シフト」といった専門性の高い用語が示せていて、理解の深さがアピールできている。

→**❸**：◎ 現状の取り組みだけでは不十分であるという認識と、実現可能性のある具体的な提案が示せている。

→**❹**：◎ 長時間労働が常態化している大きな病院の業務軽減を図るための、人手不足の解消につながる対策を打ちだせている。

→**❺**：〇 実効性を高めるための課題にまで言及できている。

神髄 ⑧ 医師の働き方改革には、医療専門職や患者からの協力が不可欠！

インフォームド・コンセント

患者の自己決定権を尊重するために　頻出ランク ★★★★★

これがテーマの神髄だ！

★ 「インフォームド・コンセント」とは？

- インフォームド・コンセント：患者にたいして医療行為を行なう前に、患者の病気や容態、治療の内容や処方される薬などについてその内容をわかりやすく説明し、患者がこれを理解し、納得し、同意したうえで受けるというプロセスのこと

★ インフォームド・コンセントの歴史

- 日本では 1980 年後半以降積極的に尊重する考えが広まった
  - ➡ 2000 年のエホバの証人輸血拒否事件 → P.67 では、患者の自己決定権 → P.66 をはじめて認める最高裁判決が出された

★ インフォームド・コンセントの 3 つの要件

① 患者に同意能力 → P.70 があること

② 医療従事者が適切な説明を行なったこと

③ 患者が自発的な意思決定により同意したこと

★ インフォームド・コンセントについての課題

- インフォームド・コンセントのあり方を充実させていくために、当事者それぞれの努力が必要

  ❶ 医師や薬剤師によるコミュニケーション

  ❷ 患者のアドボケート（擁護者）→ P.72 としての看護師の役割

  ❸ 患者の自己責任 → P.72 がともなうことにたいする自覚

テーマ［解説］

実際の出題例を見てみよう！ ➡解答・解説は p.73〜

出題例

医療におけるインフォームド・コンセントの重要性について、400字程度で書きなさい。

(近畿大学・医学部／改)

◆「インフォームド・コンセント」とは？

> 「インフォームド・コンセント」ってどういう意味ですか？ 医師をめざすなら知っていて当たり前だといわれてしまって……

「インフォームド・コンセント」とは、<u>患者にたいして医療行為を行なう前に、患者の病気や容態、治療の内容や処方される薬などについてその内容をわかりやすく説明し、患者がこれを理解し納得し同意したうえで受ける</u>というプロセスのことです。医療現場では「IC」という略称で定着しています。また、医師だけでなく、薬剤師が薬を渡すときにも行なわれます。

また、選択可能な治療方針が複数ある場合に、医師から十分な説明を受けたうえで患者自身が治療方法を選択することを「**インフォームド・チョイス**」といい、さらにその選択した方法で実際に医療を受けるか否かを自己決定することを「**インフォームド・ディシジョン**」ということもあわせて紹介しておきますね。さらには、十分な説明を受けたうえで治療を拒否する権利である「**インフォームド・リフューザル**」も、インフォームド・コンセントの権利に含まれています。

こうした、みずからの医療について自己決定を行なう患者の権利は

世界じゅうの法律や倫理規定にかかげられているのですが、世界医師会による「患者の権利に関する宣言」において、「患者は、自分自身に関わる自由な決定を行うための自己決定の権利を有する」「患者は自分自身の決定を行ううえで必要とされる情報を得る権利を有する。患者は、検査ないし治療の目的、その結果が意味すること、そして同意を差し控えることの意味について明確に理解するべきである」と定められています。

インフォームド・コンセントにおいてとくに重要なことは、「患者がこれを理解し納得し同意したうえで受ける」という部分です。<u>患者にたいする情報伝達や説明の部分は、インフォームド・コンセントの前提部分</u>にすぎず、医師による押しつけがましい言い回しは、インフォームド・コンセントの誤用であるといわざるをえません。こうした発想自体、患者の自己決定権を認めず、患者は医師などの専門的判断にすべてゆだねればよいとする、あしきパターナリズム（父権主義）の考え方に染まりきったものです。

その一方で、患者には医療行為による便益や危険性、代替の治療法について知る権利や選択の自由、拒否権といった自律性が認められるものの、<u>患者が医療の内容をすべて決定し、その判断に医師などの専門家が従うという意味ではない</u>ことにも注意が必要です。多くの患者は自分自身の医療について正しく決定できる見識を持ち合わせているわけではありません。<u>医師などの専門家の責任回避のための道具としてインフォームド・コンセントが持ちだされる</u>ことは、世界医師会が採択した医の倫理の一般基準であるジュネーブ宣言中の、「私の患者の健康を私の第一の関心事とする」という文言に反するものです。

なるほど、患者さんが納得して医療行為を受けるためのプロセスのことなんですね。医療の基本中の基本という気がします。

◆ インフォームド・コンセントの歴史

　たしかにそうではあるのですが、じつはこうした患者の自己決定権を尊重する考え方が浸透するようになったのは、それほど最近のことではないのですよ。古代ギリシアを代表する医学者であり「医学の父」といわれるヒポクラテスは、医師は身を正し愛情をもって患者の治療に努める存在であることから患者のためにも医療は専門家である医師に任せるべきであるという「医の倫理」をかかげており、この考え方が長く社会で受け入れられてきました。

　しかし、19世紀末に、医師が患者の意思に沿うかたちで医療行為をしなければ傷害罪として処罰されるというドイツの判例が現れ、アメリカでも、1914年のシュレンドルフ事件判決において「正常な判断能力をもつ成人は、誰しもが、自分自身の身体に何がなされるべきか決定する権利を持つ」との判断が示されると、個人主義にもとづく民主主義社会の発展を背景として、医学的に必要な治療でも、まず本人の同意を得なければならないという考え方がしだいに確立していくようになったのです。1957年のサルゴ事件判決では、判決理由ではじめて「インフォームド・コンセント」という表現が用いられています。

　日本においても、1970年代に入ると医療行為の危険性についての説明がなかった場合に医師の民事責任が認められるようになり、1980年代後半以降になると、インフォームド・コンセントを、医師と患者が互いを尊重しつつ協力して医療を進める理念として積極的に尊重していくべきであるという考えが広まってきました。

　とくに、2000年に患者の宗教上の信念にもとづく自己決定権をはじめて認める最高裁判決がくだされたエホバの証人輸血拒否事件は、医療現場でのインフォームド・コンセントの定着を促した判決として知られているので、ここで紹介しておこうと思います。

　輸血以外の医療を選択することを信条とするキリスト教の宗教団体「エホバの証人」の信者の女性が、悪性の肝臓血管腫と診断されたさ

い、エホバの証人の信者の医師から「無輸血手術をする病院」として東京大学医科学研究所附属病院を紹介されました。入院から手術までの約1か月、患者は医師に「信仰上の理由から輸血をしないでほしい」とくり返し訴え、手術直前には「輸血をせずに重大な結果が生まれても医師の責任は問わない」とする免責証書を医師に渡していました。

　しかし、病院側は、手術のさいに輸血を必要とする事態が生じる可能性があることを認識しており、「危険な事態が起きた場合は輸血も考える」という方針をもっていたのです。にもかかわらず、患者や家族らに輸血する可能性があることを告げないまま手術を行ない、女性が手術時に出血性のショック状態に陥ったために輸血を実施しました。結果として、当時余命1年とみられていた女性は手術後約5年生きながらえることができたのですが、「無断で輸血され精神的苦痛を受けた」として損害賠償を求めたというのが、この裁判の経緯です。

　一審判決では「医療は患者の治療救命が第一の目標であり、医師は可能な限りの救命措置をとる義務がある」として、「生命を救うために行なった輸血は、社会的に正当な行為で違法性がない」という立場をとって請求を棄却しました。しかし、二審判決では「救命のためという口実さえあれば、医師の判断を優先させることで、患者の自己決定権を否定することになる」と批判し、「医師団は、場合によっては輸血をして手術を行なう必要が出てきたと判断した時点で輸血を行なうことを説明すべきだった」と結論づけて、医師らに損害賠償の支払いを命じる判決を言い渡したのです。

　そして、最高裁判決でも、「患者が輸血を宗教上の信念に反するとして、拒否するとの明確な意思をもっている場合、このような意思決定をする権利は人格権の一部として尊重されなければならない」として、治療方法を選ぶ意思決定権が日本国憲法第13条の「幸福追求権」から導かれる「人格権の一部」との判断を示し、「患者に説明して、手術を受けるかどうかを患者自身の意思決定にゆだねるべきだった」として、「説明を怠ったことにより、患者が輸血をともなう可能性の

あった手術を受けるか否かについて意思決定をする権利を奪った」ことにたいして賠償責任が認定されました。

また2021年には、拘置所や刑務所で受けた医療行為の記録を、被告や受刑者ら本人が国に開示請求できるかどうかが問われた裁判において、最高裁は開示請求の対象とするという判断をくだしました。この裁判は、刑事事件で起訴されて東京拘置所に勾留されていた40代男性が、歯茎の出血や痛みがひどいのに治療してくれなかったことにたいして、外部の医師に症状を説明するためにカルテの開示を請求したにもかかわらず、カルテは行政機関個人情報保護法が定める「刑事裁判に関係する情報」に当たるとして国が開示を認めなかったことから提訴されたものです。最高裁は開示の対象外とした1、2審判決を破棄した理由として、医療行為をめぐるインフォームド・コンセントの重要性を示しており、「刑事施設における自己の医療情報へのアクセスの保障はグローバルスタンダードになっている」と指摘しています。

医療関係者には、患者の意思の尊重と、生命を守る専門家としての職責を両立させることが求められているのです。

インフォームド・コンセントが重要であることはよくわかりました。実際には、どのように行なわれるのですか？

◆ インフォームド・コンセントの3つの要件

　インフォームド・コンセントが成立したと認められる3つの要件があるので、おさえておきましょう。

❶ 患者に同意能力があること
❷ 医療従事者が適切な説明を行なったこと
❸ 患者が自発的な意思決定により同意したこと

❶については、選択を表明する能力、医療従事者の説明を理解できる能力、現状と治療を行なった場合に起こりうる結果にかんする情報の重要性を認識する能力、治療の選択を論理的に比較考察できる能力が含まれます。患者に同意能力があるかぎりは、他者にたいする危害の防止に必要な場合を除いて患者の意思決定に反した医療行為を行なうことはできないとされています。一方、患者に同意能力がない場合には、家族や後見人による代諾（だいだく）が必要になります。なお、未成年の患者にたいしては、原則として同意は親から得ることが求められますが、理解力・判断力を十分備えていると判断できる場合は未成年患者の同意能力を認めることができるとされています。治療を受ける小児患者にたいして、治療について理解できるようわかりやすく説明し、その内容について本人の納得を得ることを「インフォームド・アセント」といいます。また、意識喪失や激しい混乱などのために自分で理解して同意を行なえる状態にない患者にたいしては代諾者に説明を行なうことを原則としますが、同意などの意思決定が可能となった時点で本人の同意を得る必要があります。

❷については、病状や医療従事者の提示する医療行為の内容・目的とそれにともなう死亡や合併症（がっぺいしょう）の危険性、ほかの方法とそれにともなう危険性、何もしない場合に予測される結果などを患者に理解できる方法で説明し、リスクと便益を明確に伝えなければなりません。また、患者にも、積極的に自分の状態と治療の選択肢にかんする質問を行ない、医療従事者からの説明や意見を確認する姿勢が求められます。

❸については、意思決定における強制や情報の操作のない状況下において同意を得ることが重要であり、同意後の撤回も可能であること

を十分に説明し、とくに、治療にかかわる重要な決断をくだす場合には話し合いの内容をまとめた文書に患者が署名します。

　以上の過程をふまえることにより、<u>患者が医療行為の実施を認め、医療行為に過失がないかぎりその結果を受容するという態勢が整う</u>のです。なお、患者がすべて医療従事者の決定にゆだねる意思表示をして自発的にインフォームド・コンセントを拒否した場合や、インフォームド・コンセント自体が患者にたいして身体的・心理的に深刻な危害を及ぼす可能性がきわめて高いと判断される場合は、患者の最善の利益に従って医療従事者が決定することになります。

先生、最後にインフォームド・コンセントについての課題を教えてください！

◆インフォームド・コンセントについての課題

　やはり、インフォームド・コンセントのあり方をどれだけ充実させていくかに尽きると思います。医療は急速な進歩によって複雑化し、医学分野での情報量も劇的に増えています。そのため、インフォームド・コンセントは、理解してもらおうとする医療関係者にも、理解しようとする患者にも大きな負担となってきています。医療関係者は、多くの時間をかけているにもかかわらず、必ずしも患者に寄りそった説明になっていないことにより、ていねいに説明しているつもりでも患者が理解できずに不信感をいだく事態が起きてしまっています。また、大量の専門的知識を処理しきれず十分に理解できていなかったとしても、早く治療を始めてほしいという思いが先に立ち、形式的な同意を行なってしまう患者や家族も少なくありません。

　こうした事態の改善に向けては、<u>インフォームド・コンセントにかかわる当事者それぞれの努力が必要である</u>というべきでしょう。まず

大切なのは、説明する側の中心となる医師や薬剤師によるコミュニケーションです。病気に苦しむ患者は、不安に陥りやすく、ときに現実から目をそらそうとし、感情が高ぶりがちです。このような患者の心理状態に配慮しつつ、事実をありのままに伝えることにとどまらず、専門的な内容を、相手が理解できるような簡単な言葉で説明することによって信頼を寄せてもらえるようなインフォームド・コンセントに努めなければなりません。また、医師の言葉が影響を及ぼし、医師の価値観に沿った判断へ誘導してしまわないようにすることにも注意を払うべきです。

　同じ現場に立つ看護師の存在もたいへん重要です。患者にとって最善の選択と決定がなされるために、インフォームド・コンセントの場を患者や家族の生活、さらには人生そのものへの影響を考えられるような環境とするよう努めなければなりません。そして、患者が聞きたいと思う情報を十分に聞けるようにサポートし、必要に応じて看護師みずから患者に質問して患者本人に言葉として発してもらうことによって患者の理解を確認するといった、患者のアドボケート（擁護者）としての役割を果たしていくことが求められます。

　最近では、医師や看護師以外にも、患者や家族がかかえる心理的問題に向き合う医療ソーシャルワーカーをはじめ、多くの職種がかかわるカンファレンス（協議）を通じて患者本人とともに考える意思決定支援が主流になっています。患者の表面的な言葉だけで決めるのではなく、患者の揺れる気持ちに寄りそいながらともに考える姿勢と、患者の意思を辛抱強くくみ取る慎重さが重要です。

　さらに、説明を受ける患者も、自己決定にはつねに自己責任がともなうことを忘れず、自分の病気について最低限の知識を身につけ、みずから重い選択をしていく必要があります。伝えたいことや質問したいことをメモにして準備したり、十分に理解できないときは質問を重ねたりして、医療従事者と冷静に話し合う姿勢が大切です。

出題例の[解答・解説]

出題例 再録

　医療におけるインフォームド・コンセントの重要性について、400字程度で書きなさい。

 構想メモを書いてみよう！

| 患者に寄りそう姿勢を示す | ● 意思決定を間近で支える |

- 患者とともに治療方針を決めていくという当事者意識をもつ
- 患者の意思決定をサポートしていく

| 説明する側の中心となる医師や薬剤師 | ● 患者の理解の補助 |

- 事実をありのままに伝えることにとどまらず、専門的な内容を、相手が理解できるような簡単な言葉で説明する

| 患者のアドボケートとしての看護師 | ● 穏やかな環境の整備 |

- 患者や家族の生活、さらには人生そのものへの影響を考えられるような環境を提供できるよう努める
- 患者が聞きたいと思う情報を十分に聞けるようにしていく

　まず、医療従事者として求められるインフォームド・コンセントへの向き合い方として、患者にとって最良の選択ができるよう寄りそう姿勢を示す。そのうえで、説明する側の中心となる医師や薬剤師からのコミュニケーション上の注意点や、看護師や医療ソーシャルワーカーが患者の味方としての役割を果たしていく必要性について述べる。

第1段落

　インフォームド・コンセントにおいて医療従事者が果たすべき役割の最たるものは、患者の自己決定権を尊重するための情報提供である。病状や医療従事者が提示する医療行為の内容・目的とそれにともなう死亡や合併症などの危険性、ほかの方法とそれにともなう危険性、何もしない場合に予測される結果などを包み隠さず提示しなくてはならない。とくに、患者は敏感に気配を感じ取るので、医療従事者としての主観を交えずに、中立的立場からなるべく淡々と科学的根拠を示すことに専念し、患者の決断を待つ姿勢が大切である。

第2段落

　ただし、インフォームド・コンセント自体が患者にたいして身体的・心理的に深刻な危害を及ぼす可能性が少しでもあると判断される場合は、医療従事者みずからの判断で実施しないことも求められる。患者に同意能力がある場合には患者の自己決定権を全面的に尊重するが、その能力がないと疑われる場合には救命措置を最優先にして治療に専念しなくてはならない。

(407字)

全体を通じた コメント

　インフォームド・コンセントについての知識は十分に理解できているのだが、基本的な姿勢に大きな誤りがあるといわざるをえない。インフォームド・コンセントにおいてとくに重要なことは「患者が医療行為を理解し納得し同意したうえで受ける」という部分であることから、「中立的立場からなるべく淡々と科学的根拠を示す」だけでは不十分である。また、このような形式的な対応は、患者側へ自分に向き合っていないという感覚を与え、患者に不信感をいだかせることにつながりかねない。1人の人間としての患者にとって最適な選択を手助けするような、親身な姿勢が必要である。

　また、医療従事者みずからの判断でインフォームド・コンセントを実施しない事態はあくまで例外的対応なので、全体的に極端な物言いが目につく答案となってしまっている。

答案例へのコメント

➡❶：△　情報提供は大切だが、「最たるもの」とまではいえない。

➡❷：〇　情報提供の内容を明確に示せているのはよい。

➡❸：✕　事実をありのままに伝えるだけでは、患者からの信頼を得るインフォームド・コンセントにはならない。

➡❹：✕　インフォームド・コンセントを実施しないケースはあくまでも例外的対応であることを忘れてはならない。

➡❺：✕　患者に同意能力がない場合には、家族や後見人（こうけんにん）による代諾（だいだく）が必要となる。また、未成年の患者にたいしては、原則として同意は親から得ることが求められる。

神髄⑨　「説明と同意」だけでは役割を果たせたとはいえない！

🦉 合格点がもらえる答案例

• 患者に寄りそう姿勢を示す

　①医療従事者としてインフォームド・コンセントに向き合うさいに最も重要視されるのは、患者に寄りそう姿勢を示すことである。患者とともに治療方針を決めていくという当事者意識をもって、②患者の意思決定をサポートしていくことが重要である。

• 説明する側の中心となる医師や薬剤師

　まずは、説明する側の中心となる医師や薬剤師によるコミュニケーションに工夫が求められる。③患者の揺れ動く心理状態に配慮しつつ、事実をありのままに伝えることにとどまらず、専門的な内容を相手が理解できるような簡単な言葉で説明し、ときには励ましの言葉をかけることも大切だろう。

• 患者のアドボケートとしての看護師

　④また、同じ現場に立つ看護師も、患者にとって最善の選択と決定がなされるために、患者や家族の生活、さらには人生そのものへの影響を考えられるような環境を提供できるよう努めなくてはならない。そして、患者が聞きたいと思う情報を十分に聞けるようにし、⑤医療ソーシャルワーカーとも連携しながら患者のアドボケートとしての役割を果たしていくことが求められる。

(413字)

全体を通じた コメント

　インフォームド・コンセントにおいて最も大切な、患者が最終的に心から治療に同意できるためのプロセスに医療従事者それぞれの立場で寄りそう姿勢が具体的に打ちだせており、高い評価が与えられる答案となっている。

　医師や薬剤師によるコミュニケーションの工夫としては、「専門的な内容を相手が理解できるような簡単な言葉」や「励ましの言葉」といった、患者の視点に立ったはたらきかけが書けていてよい。また、インフォームド・コンセントの議論の中でつい見落とされがちな、看護師や患者の家族の存在にも言及できていることによって、視野の広さが示せていることも好印象である。

　さらに、「アドボケート」という専門用語を適切に用いていることも、文章の質を高める一因となっている。

第
2
章

答案例へのコメント

➡❶：◎　インフォームド・コンセントは、患者が納得して医療行為を受けるためのプロセスであるという基本が示せている。

➡❷：○　患者の自己決定権の重要性についても言及できている。

➡❸：◎　どのようなコミュニケーションのあり方が求められるかという具体的な内容を示すことができている。

➡❹：○　看護師や家族といった、インフォームド・コンセントにかかわる当事者を幅広く提示できている。

➡❺：○　状況によっては患者を追い詰めてしまう可能性のある医師の立場に寄りすぎず、看護師の役割を、患者を支える立場としてとらえられている。

神髄
⑩

寄りそうことによって、患者との信頼関係を大切にしよう！

テーマ 6

尊厳死と人生の最終段階における医療

患者が最善の生をまっとうするために　　頻出ランク ★★★★★

これがテーマの神髄だ！

★ 延命治療中止の法的責任

- 延命治療 → P.79 を行なうかどうかについて患者本人による決定を基本とし、担当医の独断ではなく、多職種が参加する医療チームで判断することを明記し、合意内容を文書で残すことが必要

★「尊厳死」「QOD」「リビング・ウィル」とは

- 尊厳死 → P.81：末期患者が本人の意思にもとづいて延命治療を断り、自然の経過のまま受け入れる死
- QOD（クオリティー・オブ・デス）→ P.82：本人が希望したような最期を迎えられるかどうかという「死の質」を問う考え方
- リビング・ウィル → P.82：自分の終末期医療 → P.80 について事前に書面で明示しておくこと
  - ➡ 臓器を提供する意思がある場合に限って脳死判定を実施

★「アドバンス・ケア・プランニング」（ACP）とは

- アドバンス・ケア・プランニング → P.84：人生の最終段階における治療やケア → P.83 の希望について、医療・ケアチームなどとくり返し話し合いを共有する取り組み
  - ➡ 可能な限り本人の意思にもとづき医療やケアを行なう

★「エンドオブライフ・ケア」の理想を実現させるために

- アドバンス・ケア・プランニングを支える人材の育成
- 救急医療 → P.86 において望まない延命治療をどう防いでいくか

テーマ ［解説］

実際の出題例を見てみよう!　　　　　➡解答・解説はp.87～

出題例

　尊厳死の法制化についてどのような課題があるか、400字程度で述べなさい。

（山口大学・医学部／改）

◆ 延命治療中止の法的責任

> 物置のそうじを手伝っていたら、2005年の新聞が出てきたのですが、人工呼吸器を取りはずした医師を殺人容疑で書類送検したという記事をみて驚きました!

　北海道羽幌町にある道立羽幌病院に当時勤務していた女性医師が、単独の判断により、家族の同意のもと、男性患者の人工呼吸器を取りはずして死亡させたという羽幌病院事件のことですね。ほかにも、2000年から2005年にかけて、富山県射水市にある射水市民病院に入院していた患者7人が、当時の外科部長ら医師2人に人工呼吸器をはずされて死亡したことが2006年に発覚した射水市民病院事件でも、殺人容疑で医師が書類送検されています。

　医療の現場では、回復する見込みのない患者本人が明確に延命治療の中止を求める意思表示をしたときや、本人の意思表示が困難で家族が延命治療の中止を望んだ場合に医師が人工呼吸器や栄養補給のチューブをはずしたり、心停止時には心肺蘇生法を行なったりしないというように延命治療を中止することがあります。結果的に、どちらの事件も犯罪の疑いが完全には証明されない嫌疑不十分とされ、刑事裁判にかけない不起訴処分の扱いになりましたが、この事件は、回復

の見込みがない、死が差し迫った患者にたいする延命治療を中止すると判断したことによって刑事責任を問われかねないという意識が医療現場に広がったできごとでした。

そもそも、治療不能な病気におかされて回復の見込みがなく、死が不可避な患者への終末期医療のあり方が問題になってきたのは、自発呼吸のできなくなった患者の生命を維持するために気管にチューブを入れる人工呼吸器のような医療技術が進歩したためです。口から食事をすることが困難になった人が、手術で胃に穴を開けて直接栄養を摂取するための医療措置である胃ろう、鼻からチューブを差して流動食を入れる経鼻栄養、首などから細いチューブを静脈中に挿入し、栄養を補給する中心静脈栄養などを行なわないことがどのような場合に許されるのかという点が社会的な問題になってきたのです。

実際、苦しみを長引かせないため延命治療を中止したいと考える国民は多数存在しています。2018年に厚生労働省から発表された「人生の最終段階における医療に関する意識調査」では、末期がんで意識や判断力が健康なときと同様であると想定した場合、「希望する治療方針」として以下の措置を「望まない」と答えた人の割合が示されています。これは「重度の心臓病」や認知症 → P.93 を想定した質問でも、同様の結果となっています。

末期がんで、食事や呼吸が不自由であるが、痛みはなく、意識や判断力は健康なときと同様の場合

	望む	望まない	わからない	無回答
中心静脈栄養	13.6	57.5	22.5	6.3
経鼻栄養	9.8	64.0	20.5	5.8
人工呼吸	8.1	65.2	20.6	6.2
心肺蘇生	11.3	69.2	13.5	6.1
胃ろう	6.0	71.2	16.9	6.0

0%　10%　20%　30%　40%　50%　60%　70%　80%　90%　100%

2018年厚生労働省発表「人生の最終段階における医療に関する意識調査」より作成

こうした国民の意思は以前から根強く存在していたため、医療の現場が法的責任を問われないかたちで応じられるようにすべく、厚生労働省は2007年、医師が延命治療を中止するさいの手続きを明示した指針を作成しました。この指針には、適切な情報が提供・説明されたうえで患者本人が決定することを基本とし、延命治療を行なうかどうかは、担当医の独断ではなく多職種が参加する医療チームで判断することを明記し合意内容を文書で残すことなどが盛り込まれています。

このガイドラインにのっとっているかぎり起訴される事案は発生しなくなっています。その一方で、終末期の定義や延命治療の中止の具体的基準には触れず最終的な判断が現場にゆだねられていて、治療を中止した医師が法的責任を問われる可能性は依然残されているため、法制化を求める声も根強くあります。

> そうなんですね。なぜ、終末期の定義や中止の具体的基準を法律で定めようとしないのですか？

◆ 「尊厳死」「QOD」「リビング・ウィル」とは

じつは、2012年に、超党派の議員連盟が尊厳死にかんする法案をまとめています。「尊厳死」とは、回復の見込みがない末期患者が本人の意思にもとづいて延命治療を断り、自然の経過のまま受け入れる死のことです。一方積極的安楽死とは、耐え難い苦痛に襲われている死期の迫った人に致死的な薬剤を投与して生命を積極的に短縮する行為のことであり、オランダ、ベルギー、ルクセンブルク、カナダ、スペインとオーストラリアの一部の州で認められています。ただ日本においては、安楽死の必要性を求める声が高まっているとはいえないため、ガイドラインでも用語の定義や適法となる要件などは言及されず、法律上も事実上も認められていません。

また、本人が希望したような最期を迎えられるかどうかという「死の質」を問う考え方のことを「**QOD（クオリティー・オブ・デス）**」といいます。政府の社会保障制度改革国民会議が2013年にまとめた報告書にも、「死すべき運命にある人間の尊厳ある死を視野に入れた『QODを高める医療』」の必要性が明記されています。延命治療を断り、自然に死を迎えたいという多くの人の意思に、医療が法的責任を問われることなく応えられるようにしようという動きです。

　しかし、延命治療を断るという尊厳死を法律で定めてしまうと、あたかも尊厳死という特定の死生観(すいしょう)を推奨するようなとらえ方が支配的になり、QODの多様性を奪うことにつながって、死を迫る無言の圧力が生まれるという反対の声が存在しています。

　こうした見方にたいし、意識が明確なうちに、延命治療の希望の有無といった自分の終末期医療について事前に書面で明示しておくという「リビング・ウィル」が重要であるという指摘があります。人の命を救うために力を尽くすという医師の本来的な使命との葛藤(かっとう)や、少しでも長く生きていてほしいという願いと過度に苦しませたくないという願いが入り交じる家族の複雑な思いがあるなかで、法律で定める要件にとらわれることなく、あくまでも患者の意思に沿ったかたちで終末期医療を実行していくことをめざすためです。

　ただし、このリビング・ウィルについても書面に明示した時点から病気の進行や本人の心境によって意思が変化している可能性は否定しきれず、自分の意思が伝えられない末期患者がリビング・ウィルに縛られて尊厳死に追い込まれるのではないかという懸念があります。また、書面作成時には想定外だった事態が生じたときに、本人の真意を解釈できるような書面になっていなかった場合、医療関係者や家族などにかえって混乱を招く原因になりかねないという指摘もあります。

　実際、80ページでも取りあげた「人生の最終段階における医療に関する意識調査」によると、自分が意思決定できなくなったときに備えて書面を作成しておくことについて、一般国民の賛成者は66.0%い

るのですが、法律に定めることに賛成する人は22.4％にとどまり、賛成している人の中で実際に作成している割合はわずか8.1％にすぎません。終末期の延命治療に否定的な意識は強いものの、その意思を書面に残すことにはふみきれず、書面に従って治療方針が決定されることを法律として定めることにも賛同しきれないという国民の複雑な心境がうかがえます。こうしたこともあって、法制化にはいたっていません。

なかなか難しいんですね。とはいえ、一人ひとりが納得して満足できる最期を迎えられる支援が大切であることは間違いなさそう。

◆「アドバンス・ケア・プランニング」（ACP）とは

　こうした課題をふまえ、厚生労働省は、2007年に定めた医師が延命治療を中止するさいの手続きを明示した指針を11年ぶりに改訂（かいてい）し、2018年に「人生の最終段階における医療・ケアの決定プロセスに関するガイドライン」を定めました。おもな変更点は、以下のとおりです。

❶　医療やケアの方針を判断するチームに介護スタッフを含めて検討する
❷　本人がみずからの意思を伝えられない状態になる前に、本人の意思を推定する者として、親しい友人なども含めた家族などの信頼できる者を前もって定めておくことを提唱
❸　医療やケアの方針に加え、どのような生き方を望むかなどを、本人が医療・ケアチームや家族らと事前にくり返し話し合う重要性を強調
❹　くり返し話し合った内容をそのつど文書にまとめておき、本人や家族などと医療・ケアチームで共有することを求める

❶については、最も人口の多い団塊（だんかい）の世代 →P.180 がすべて75歳以上になる2025年以降に、年間の死亡者が160万人を超える多死社会を迎える見通しとなっているため、死亡する人の約8割が病院で死を迎えるという現状から、死期まで見守る看取りの場を在宅や介護施設にも広げるべく、介護スタッフが人生の最終段階を支える役割を担うことを意図したものです。

　❷については、一人暮らしの高齢者の増加をふまえ、家族と同じような気持ちで支えてもらうことができる強い信頼関係でつながった親しい友人や、判断能力が十分でない人が不利益を被らないように、家庭裁判所から選任され財産保護や援助を行なう成年後見人（こうけんにん）を、本人の意思を推定する者として選ぶケースを想定しています。

　そして、❸と❹については、82ページで説明したように、病気の進行や本人の心境によって変化しうる患者の意思を可能な限りくみ取れるよう、アドバンス・ケア・プランニング（ACP）の考え方を新たに採り入れたものです。

　「アドバンス・ケア・プランニング」とは、人生の最終段階における治療やケアの希望について、医療・ケアチームなどとくり返し話し合いを共有する取り組みのことです。内容は文書にまとめて記録しておくことが望ましいとされ、患者との意思の疎通が難しくなった場合でも、医療関係者や家族らが治療方針を判断する大きな助けとなり、結果として希望に沿った治療を受けられる可能性が高まります。リビング・ウィルが医療や介護の専門家がいない状態で本人だけで決めていくのにたいし、アドバンス・ケア・プランニングでは医療関係者や家族と話し合うことにより、本人の価値観に沿ったあり方を検討できることも可能となります。

　一方で、記録を残すこと自体を目的化することなく、話し合うプロセスを重視して患者の人生観や価値観、さらには本人の意思の変化も反映できるよう定期的に話し合って希望の内容を見直し、医療関係者や家族らと患者の考えを共有することも大切だとされています。その

ため、日常的な会話の中から本人の意向をくみ取ることもあります。

　こうした取り組みによって、命の危険が迫ると患者の7割ほどが治療にかんする自分の希望を伝えられなくなる状況の中で、可能な限り本人の意思にもとづいた医療やケアが行なえるようになると見込まれています。さらには、リビング・ウィルとして事前に書面で希望を残していても、家族や医療者に伝わっていなかったり、考えに変わりがないかどうか確認できなかったりするなどの問題が解決されることも期待されています。

> 患者に寄りそう医療やケアをしていくにはアドバンス・ケア・プランニングがほんとうに大切ですね。終末期医療の理想だという気がします。

◆「エンドオブライフ・ケア」の理想を実現させるために

　2010年代に入ってからは、医学的に定まる余命何か月という終末期に照準を合わせたターミナル・ケアではなく、「これまでの人生にもとづいて、生命が尽きるその瞬間まで自分にとって最善の生を生きることができるための支援」という人生の集大成を支えるかかわり方として、「エンドオブライフ・ケア」という言葉が使われるようになっています。このような、患者に寄りそう医療やケアを理想に終わらせないためにも、まずはアドバンス・ケア・プランニングの普及を進めていく必要があります。

　このように、一般国民のみならず、医師や看護師、介護職員でも知らないという回答が多く存在していることから、全体的な普及啓発が不可欠です。なお、厚生労働省は、2018年にこの用語を「人生会議」と称して周知をはかっています。

　医療・介護人材の育成も大きな課題です。アドバンス・ケア・プランニングの実施に向けては、患者の日常的な診療や健康管理を担う身

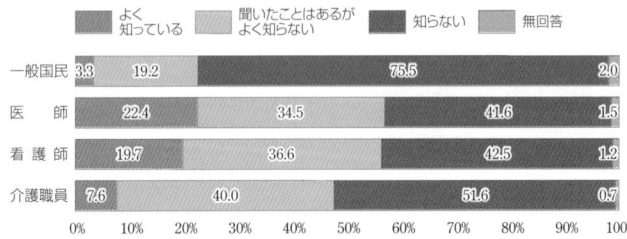

アドバンス・ケア・プランニング（ACP）の認知について

	よく知っている	聞いたことはあるがよく知らない	知らない	無回答
一般国民	3.3	19.2	75.5	2.0
医　　師	22.4	34.5	41.6	1.5
看 護 師	19.7	36.6	42.5	1.2
介護職員	7.6	40.0	51.6	0.7

2018年厚生労働省発表「人生の最終段階における医療に関する意識調査」より作成

近な医師であるかかりつけ医 → P.224 の役割が重要とされていますが、現状では意識の差が大きく、診療の中で患者の人生観や価値観をさりげなく聞けるようなコミュニケーション力を身につけることが求められています。医療側が形式的に意思決定を進めたり本人の意思を誘導したり無理に選択を迫ったりするようでは、本来の役割を果たせません。また、介護の立場からも、本人の意思決定を支えるために専門性をいかしていくことが必要です。

　さらに、終末期医療の究極の現場となる救急医療において、望まない延命治療をどう防いでいくかも大切な課題です。心肺蘇生の中止にかんする国の規定がないため、患者が延命治療を望まない場合でも、家族や周囲の人から119番通報があれば、死亡が明らかな場合を除いて心臓マッサージなどの心肺蘇生法を施しながら病院に搬送する消防機関が多く存在しています。すでに全国に約700ある消防機関のうち、100機関は医師の指示など条件つきで蘇生を中止していますが、2019年からは東京消防庁も明確な条件を示し、その条件をすべて満たした場合には蘇生を中止し、患者を救急搬送せずに家族らに引き渡す運用を始めました。患者の意思確認を短時間で行なうことは困難をきわめるため、国が統一指針を示すよう求める声もあがっています。ただし、死亡診断は医師にしかできず、在宅医療には地域によってまだ大きな差があるため、地域ごとの事情に応じた救急隊の対応指針が策定されつつあります。

出題例の[解答・解説] ■ ■ ■ ■

出題例 (再録)

尊厳死の法制化についてどのような課題があるか、400字程度で述べなさい。

 構想メモを書いてみよう!

死を迫る 無言の圧力	QODの多様性を奪う懸念

- 尊厳死という、特定の死生観を推奨するとらえ方が支配的になる
  ➡死を迫る無言の圧力が生まれるという反対の声

リビング・ウィル に縛られる尊厳死	意思が変化している可能性

- リビング・ウィルを尊重するような法制化であっても、書面に明示した時点から意思が変化している可能性は否定しきれない
  ➡自分の意思が伝えられない末期患者が尊厳死に追い込まれるおそれがある

死生観について 考えを深める機会	ガイドラインの存在

- 医師が延命治療を中止するさいの手続きを明示した指針の存在
  ➡ガイドラインにのっとっているかぎり、起訴される事案は発生していない
- 国民が死生観について深く考える機会を提供することが大切

尊厳死の法制化については反対派のほうが多数であることから、「尊厳死の法制化を進めていくための課題」というよりは、「尊厳死の法制化に立ちはだかっている課題」について書くことが望ましい。現在の日本人の多様な死生観と、法制化により圧力を感じやすい日本人の国民性を考えると、法制化推進の立場で主張することには慎重を要する。

😊合格点まであと一歩の答案例

第1段落

①尊厳死を選びたいという多くの人の意思に医師が法的責任を問われることなく応えられるようにするためには、法制化が不可欠である。②また、患者にとっても、法制化によって高額の医療費を払いつつ過度な延命治療を受けつづけるという事態を回避することが可能となる。③患者本人が苦しんでいるにもかかわらず死ぬことを選べずに延命治療を家族や医師に強要されてしまう場合もある現状を変えるためには、尊厳死の法制化は自己決定の選択肢を増やすうえで大きな意義をもつ。

第2段落

しかし、尊厳死が法制化されてしまうと、法律の条件に合えば治療中止、条件に合わなければ中止しないというように、医師が患者の死を形式的に扱いかねないという不安の声も存在する。④そのため、さまざまなニーズに対応できるような条文の工夫が求められる。

第3段落

⑤まずは国会の場で議論を深めるよう、議員提出法案として尊厳死法案を一刻も早く提出し、国民のあいだに推進の気運を高めていくことが急務である。

(403字)

全体を通じた コメント

　尊厳死の法制化に前のめりになりすぎている印象があり、あまり高い評価は与えられないだろう。

　最初に提示された「医師が法的責任を問われることなく応えられるようにする」ことは、たしかに法制化の最大の意義である。しかし、医師にとっての安心材料や、すでにある程度実現されている尊厳死の裏づけとして法制化を推し進めることにそこまで積極的な意義があるかどうかは疑わしい。国民が尊厳死という死生観を必ずしも全面的に受け入れているわけではなく、不安や反対の声が根強く存在するからである。

答案例へのコメント

➡①：△　厚生労働省による指針の運用開始以降には起訴される事案が発生していないので、「法制化が不可欠」という現状だとはいいがたい。

➡②：✕　なぜ「法制化によって」「延命治療を受けつづけるという事態を回避することが可能となる」のかという理由が示されていない。

➡③：✕　「死ぬことを選べずに」という表現は、まるで、安楽死や、医師の助けを借りた自殺である自殺幇助を肯定するかのようであり、不適切。

➡④：✕　「さまざまなニーズに対応できるような条文の工夫」とはどういったものなのか、そしてそもそもそれが可能なのかが、読み手にまったく伝わっていない。

➡⑤：✕　尊厳死を重んじる死生観だけを国民に植えつけるような姿勢は、賛同が得られない。

神髄⑪　誤解を招く表現や具体性を欠く安直な提案は控えよう！

🦉合格点がもらえる答案例

• 死を迫る無言の圧力

① 尊厳死を法制化すると、尊厳死という特定の死生観を推奨するとらえ方が支配的になり、QODの多様性を奪うことにつながって、死を迫る無言の圧力が生まれるという反対意見が根強く存在する。

• リビング・ウィルに縛られる尊厳死

② また、意識が明確なうちに事前に書面で明示しておくというリビング・ウィルを尊重するような法制化であっても、書面に明示した時点から意思が変化している可能性は否定しきれず、自分の意思を伝えられない末期患者が尊厳死に追い込まれるのではないかという懸念がある。

• 死生観について考えを深める機会

③ 現在では、医療の現場が法的責任を問われないかたちで応じられるよう、医師が延命治療を中止するさいの手続きを明示した指針が作成されている。このガイドラインにのっとっているかぎり起訴される事案は発生していないことから、法制化を早急に進める必要性は認められない。④ 法制化を前提とした議論ではなく、それぞれの国民が死生観について深く考える機会を提供していくことが重要である。

(392字)

 第 2 章

全体を通じた コメント

　尊厳死の法制化について慎重な立場をとり、❶ 法制化によって引き起こされる最大の懸念、❷ たとえ反対の立場に配慮した法制化であっても生じうる懸念、❸ 法制化が必ずしも求められているわけではない現状、❹ 今後必要とされる取り組みについて述べられている。盛り込まれるべき要素が読み手にとって理解しやすくまとめられている答案である。

　第1段落では、尊厳死という特定の死生観を推奨するとらえ方が支配的になるという、法制化への最も強い反対理由が示せている。「QOD」という用語を適切に用いている点もよい。

　第2段落では、たとえリビング・ウィルを尊重する法制化であっても生じる問題点に言及し、反対の立場を強く補強できている。

　第3段落では、医師が起訴される事案が発生していないことから、法制化を早急に進める必要性が低い点に触れ、国民が死生観について考えを深めることが先決であると、きれいにまとめられている。

答案例へのコメント

➡❶：◎　法制化反対についての最重要論点を正面からとらえられている。

➡❷：◎　たとえリビング・ウィルを尊重する法制化であっても生じる問題点について、具体的な場面を想定して指摘できている。

➡❸：◎　医師が法的責任を問われる事態をなくすという法制化賛成への最も強い主張にたいして、問題なく運用できている現状が示せている。

➡❹：○　国民全体の死生観の変容なくしては法制化の可能性がみえてこないことから、それぞれが考えを深めることの重要性を示せている。

> 神髄 ⑫　不安の声を押しきってまで法制化すべきなのかどうかを考えてみよう！

テーマ 7

認 知 症

「その人らしさ」を大切にしたケア

頻出ランク ★★★★★

これがテーマの神髄だ！

★ 「認知症」とは？

- 認知症 → P.93 ：認知機能のうち少なくとも1つが、正常に発達したにもかかわらず脳の障害によって持続的に低下し、日常生活や社会生活に支障をきたすようになった状態
  - ➡ 現状で約600万人、2025年に700万人を超えるとされる
  - ➡ 65歳以上人口の14％程度が前段階の軽度認知障害 → P.96

★ 認知症になるのを遅らせるには

- 認知症になるのを遅らせる、進行をゆるやかにするという意味での「予防」としては、運動や交流の効果が見込まれる
  - ➡ 「認知症になっても希望をもって日常生活を過ごせる社会」の実現に向けた「共生」→ P.98 が第一の柱

★ パーソン・センタード・ケアとユマニチュード

- パーソン・センタード・ケア → P.99 ：認知症患者を自分たちと同じ人格をもついち個人として尊重し、その人の立場になって考え行なうケア
- ユマニチュード → P.100 ：認知症患者との意思疎通をスムーズに行なうための技法
  - ➡ 真正面から相手の目を「みる」、ゆっくりとやさしく語りかけるように「話す」、やわらかく「触れる」、可能な範囲で「立ってもらう」の4つが基本行動

テーマ［解説］

実際の出題例を見てみよう！　　→解答・解説は p.101〜

出題例

　高齢社会を迎えて増加しつづける認知症患者にたいする介護のあり方について、400字程度で書きなさい。

（北里大学・医学部／改）

◆「認知症」とは？

看護師の姉が認知症患者の看護には気をつかうと話していたのですが、じつは認知症がどんな病気かよく知らないんです。

　「認知症」とは、特定の病名ではなく、注意力、遂行機能、学習・記憶、会話、日常生活動作、他人の気持ちや考えの理解といった認知機能のうち少なくとも1つが、生後正常に発達したにもかかわらず後天的な脳の障害によって持続的に低下し、日常生活や社会生活に支障をきたすようになった状態のことです。認知症患者は、2020年の時点で約600万人いるとされ、2025年には700万人を超えるとみられています。

　認知症はかつて「痴呆症」とよばれていましたが、「痴呆」という言葉は「愚かなこと」という意味であったため問題となり、2004年からは「認知症」に言い換えられることとなりました。

　認知症による記憶障害は、高齢になるにつれて脳が老化してくることによる物忘れとは大きく異なります。物忘れは体験したことの一部を忘れるだけですが、認知症になると体験そのものを忘れてしまうのです。

認知症のような症状になる病気は70種以上あるとされていますが、以下の4つが代表的なものです。

❶　アルツハイマー型認知症

認知症のうち最も多いとされ、全体の半数前後を占めるともいわれています。脳神経細胞の老廃物である「アミロイドβ」というタンパク質が蓄積されて脳の細胞を死滅させていることが原因ではないかとみられており、現在では効果的な予防や根本的治療が困難とされています。アルツハイマー型認知症では、次のような症状が表れてきます。いつの間にか始まり、ゆるやかに症状が進行する点が特徴です。

> - つい先ほど話したことや経験したことを忘れるといった、数十秒から数日程度までの**近時記憶障害**
> - 時間や場所、周囲の人がだれでどういった関係なのかわからなくなる**見当識障害**
> - 使い慣れていた言葉が出てこなくなったり、会話の理解が困難になったりする**失語**
> - 道具が使えなくなったり、服を着るのに時間がかかったりするなど、目的に合った行動ができなくなる**失行**
> - 五感を通じて状況を把握する機能が低下する**失認**
> - 手順をふんで目的を達成する能力が失われる**遂行機能障害**

また、こうした**中核症状**によって引き起こされる周辺症状として、以下のようなものがあります。認知症によるこうした行動・心理症状のことを「**BPSD**」とよびます。

> - 事実でないことを信じ込む**妄想**や誤認
> - 不安やうつ状態、ささいなきっかけで情緒不安定に陥る
> - 意欲低下や無関心　　　　・場や状況にそぐわない行動
> - **幻覚**や錯覚　　　　　　　・睡眠リズムの障害

❷ 前頭側頭型認知症

高度な判断を行なう前頭葉や側頭葉が萎縮し神経細胞が失われることによって発生します。現状では進行を抑えたり遅くしたりするような治療薬はなく、指定難病とされています。前頭側頭型認知症（ピック病）では、次のような症状が表れてきます。記憶障害よりも性格や行動面の変化が目立つのが特徴です。

- ● 決まった行動をくり返す
- ● 自分の行動にブレーキがかけられない
- ● 関心のないことは無視する
- ● 興味や関心が変わりやすい

❸ レビー小体型認知症

「レビー小体」という特殊なタンパク質が脳のさまざまな部位に蓄積することによって発生します。レビー小体型認知症では、次のような症状が表れてきます。手足が震えたり小刻みに歩いたりするといったパーキンソン症候群がみられることも多いとされます。

- ● 認知機能や運動機能の激しい変動
- ● その場にいない物がみえる幻視や見間違えたりする錯視
- ● 立ちくらみや、関節がこわばることによる転倒
- ● 睡眠中に恐怖や怒りを感じる

❹ 血管性認知症

脳血管障害によって脳内の神経組織が破壊されて発生します。血管性認知症では、次のページのような症状が表れてきます。障害が起こっていない部位の機能は保たれるため、できることとできないことの差が大きいことが特徴であり、「まだら認知症」ともよばれます。

- 理解力が不安定になったり記憶が断片的になったりする、症状の強さの大きな変動
- わずかなきっかけで泣いたり笑ったりするといった、感情がもれでる感情失禁
- 聞いた覚えがあることと聞いた覚えがないことが入り交じって、混乱しやすい

　またこうした認知症の前段階として、記憶力や注意力などの認知機能は低下しているものの、日常生活には支障が出ていない状態のことを「軽度認知障害（MCI）」といい、65歳以上人口の14％程度が軽度認知障害ではないかとみられています。軽度認知障害の人の約半分が4年以内に認知症に進行するとされていますが、反対に、約4分の1は健常にもどるとされています。さらに、アルツハイマー型認知症の原因とされるアミロイドβ →P.94 は発症する20年ほど前から蓄積され始めていると考えられており、軽度認知障害以前にアミロイドβが脳にたまり始めている状態を「プレクリニカル」といいます。

さまざまなかたちで日常生活や社会生活に支障をきたすのですね……　なんとか治療薬ができたり予防できたりしないのでしょうか。

◆ 認知症になるのを遅らせるには

　国内で承認されている認知症治療薬は4種類ありますが、一時的に症状を緩和する効能にとどまり、脳の神経細胞が壊れていくこと自体を止めることはできません。

　しかし、アルツハイマー型認知症を発症させるアミロイドβを抑えたり除去したりする薬は次々と開発の最終段階にこぎ着けており、新薬開発への期待が大いに高まっています。2023年には、アメリカに

おいてアメリカの製薬会社バイオジェンと日本の製薬大手エーザイが共同開発した、アミロイドβを脳内から除去することでアルツハイマー型認知症の長期の進行抑制を狙う新薬「レカネマブ」が追加の臨床試験を続ける条件つきとしながらも承認され、日本でも審査期間を短縮する優先審査の対象となっています。2021年に世界ではじめて承認された「アデュカヌマブ」は有効性をめぐって疑義が生じ、日本では承認が見送られているため、期待が高まっているのです。

その一方で、こうした病気の原因に直接働きかける「疾患修飾薬」とよばれる薬は、製造コストが高い抗体医薬であり、広く使われるようになると医療財政に大きな負担がかかるため、保険適用の対象を絞る議論を深めていく必要があるという指摘もあります。ただし、アルツハイマー型認知症の進行を遅らせることができれば、自立して生活できる期間が延びて介護費用の軽減が見込めるため、社会全体を見渡した議論が求められるでしょう。

なお、認知症の予防についても、これまでの研究ではっきりとした予防法が示されているわけではありませんが、2019年には、WHO（世界保健機関）が「認知症と認知機能低下のリスクを減らすためのWHOガイドライン」を公開し、次の5つを強く推奨しています。

- 運動や身体活動には認知機能低下を予防する効果がある
- 高血圧のある人は、WHOのガイドラインに従って適切な治療を受けるべきである
- 糖尿病のある人は、適切な治療を受け生活スタイルを改善するべきである
- 喫煙は、身体の健康を害するだけでなく、認知症と認知機能低下のリスクにもなる
- ビタミンB・E、多価不飽和脂肪酸、マルチビタミンのサプリメントの摂取は、認知症予防の観点からは推奨されない

さらに、計算などで頭を使ったり、全身運動を行なったりすること

によって認知機能や脳の萎縮に改善がみられるという国内の研究もあり、認知症の発症を先送りできる可能性が見込まれています。

2030年には認知症にかかる医療・介護費などが21兆円を超えるという試算も出ていることから、患者の増加とともにふくらみ続ける社会保障関係費 →P.179 を抑制したい政府は、2019年に取りまとめた認知症施策推進大綱（たいこう）において、「認知症にならないという意味ではなく、なるのを遅らせる、進行をゆるやかにする」という意味での「予防」に力を入れる方針を示しました。具体的な重点目標としては、高齢者が集まって体操や趣味を楽しむ「通いの場」への参加率を2017年の4.9％から8.0％程度に高めることを位置づけました。また、予防に役立つ商品やサービスの認証制度を検討するなど、民間の協力をあおぐ施策も盛り込まれています。

ただし、認知症を「予防」するという姿勢を前面に打ちだすことについては、自分たちの努力が足りなかったために認知症になったという偏見や自己責任を追及する声が出てくるといった、認知症の患者や家族からの懸念があるため、認知症の人の割合を下げる数値目標を明確に定めることは見送り、予防に取り組んだ結果としての参考数値として、70歳代での発症を10年間で1歳遅らせることをめざすとしています。

こうしたことから、従来の認知症施策推進総合戦略（新オレンジプラン）に引き続き、認知症施策推進大綱においても、認知症は「だれもがなりうる」として「認知症になっても希望をもって日常生活を過ごせる社会」をめざすという「共生」が第一の柱となっています。

具体的な取り組みとしては、認知症になっても移動や金融手続きなどで困らないようにする認知症バリアフリーの推進をかかげ、認知症の人が外出しやすいよう公共交通の事業者に対応・研修の計画作成を義務づけるほか、認知症の人や家族を支援する認知症サポーターを2025年までに企業で400万人養成するという新たな目標を示し、認知症への対応に積極的に取り組んでいる企業の認証制度創設の検討を進

めるとしています。さらには、認知症発症予防から人生の最終段階までの医療・介護サービスの流れを示した、市町村による認知症ケアパスの作成率を100%にするとしています。

社会全体で認知症に向き合っていくことが大切なのですね。
看護や介護の立場としては、認知症の患者にどのようなケアが求められるのでしょうか？

◆パーソン・センタード・ケアとユマニチュード

　まずは認知症患者を自分たちと同じ人格をもついち個人として尊重し、その人の立場になって考えてケアを行なうという「パーソン・センタード・ケア」が大切です。これは、1980年代にイギリスの心理学者であるトム・キットウッド教授が提唱した考え方です。

　かつて、認知症患者にたいしては、脳の障害によって何もわからなくなり奇妙な行動をするようになった人という見方が支配的であり、流れ作業のようにおむつ交換がなされたり、入浴や食事の介助がなされたりしていました。また、あてもなくうろうろと歩き回る徘徊にたいしては部屋に閉じ込めたりベッドに縛りつけたり（身体拘束）し、妄想などの精神的な症状や周囲にたいする攻撃的な態度にたいしては薬を大量に投与することでおとなしくさせるといった抑圧的な対応がとられてきたのです。

　しかし、中核症状によって引き起こされる周辺症状 →P.94 は、患者の健康状態や周囲との関係といった現在の状況、患者の個性、さらには患者の人生観や生活歴といったさまざまな要因が影響して起きていることがしだいに明らかになってきました。また、認知症患者にも、いち個人として大切にされることや自分らしさを感じられることだけではなく、心のやすらぎや周囲との結びつき、さらには自分に求められる役割といった、それぞれの心理的ニーズがあることもわかっ

てきました。

　こうしたことから、かけがえのない自分の価値を自分で感じられるパーソンフッドを尊重したケアを行なうことの大切さが理解されるようになっただけでなく、認知症の状態の改善にも役立つことが知られるようになってきたのです。

　パーソン・センタード・ケアを行なうために実際に介護などの現場で活用されているのが認知症ケアマッピング（DCM）です。「マッパー」とよばれる、訓練を受けた評価者が、本人の状態や介護者とのかかわり方、さらにはどのような言動をとっているかについて認知症患者のかつての仕事や趣味と関連づけて記録するなど、患者の行動を5分ごとに6時間以上にわたって観察していきます。また、介護者が患者のことを無視したり後回しにしたり、患者が本来できることをさせなかったり急がせたりした場合には、「個人の価値を低める行為」として記録します。そのようにして得られた情報にもとづいて評価者とスタッフがともに話し合い、認知症ケアの質の向上につないでいくという目的があります。

　また、実際のケアの手法としては、1979年にフランスで考案されたユマニチュードを実践していくことが求められます。フランス語で「人間らしさ」を表すユマニチュードは、認知症患者との意思疎通をスムーズにするための技法です。

　真正面から相手の目を「みる」、ゆっくりとやさしく語りかけるように「話す」、やわらかく「触れる」、可能な範囲で「立ってもらう」の4つが基本行動です。つまり、認知症患者を驚かせたり混乱させたりせず安心してもらうことが重要なのです。また、「みる」「話す」「触れる」のうち最低2つを同時に行なうようにして、前向きな言葉を発することも大切だとされています。

　ユマニチュードは、正しく学べばだれもが実践できる手法であり、専門職に限らず多くの人が学んでおくべきだといえるでしょう。

 出 題 例 の 解答・解説

出 題 例

　高齢社会を迎えて増加しつづける認知症患者にたいする介護のあり方について、400字程度で書きなさい。

✎ 構想メモを書いてみよう!

| パーソン・センタード・ケア | いち個人として尊重する |

- 患者を、自分たちと同じ人格をもついち個人として尊重し、その人の立場になってケアを行なうことが大切

| パーソン・センタード・ケアが必要な理由 | 状態の改善も |

- 周辺症状には、患者の健康状態や周囲との関係、患者の個性、さらには患者の人生観や生活歴といったさまざまな要因が影響
- 認知症患者には、それぞれの心理的ニーズがある
  ➡ パーソンフッドを尊重したケアを行なうことにより、認知症の状態の改善にもつないでいけると期待される

| ユマニチュード | 認知症患者に安心感を与える技法 |

- 意思疎通をスムーズにするためにユマニチュードを用いる
  ➡ 認知症患者に安心感を与え、安定した信頼関係を築く

　患者を自分たちと同じ人格をもついち個人として尊重するというパーソン・センタード・ケアの重要性については、ぜひとも取りあげておくべきである。また、ユマニチュードをはずして認知症ケアマッピングを取りあげることによってよりくわしく説明してもよい。

合格点まであと一歩の答案例

第1段落

① まずは、認知症患者の安全管理を徹底することが重要だ。② 認知症患者はもともと意識が混乱しているだけでなく、投薬の影響で意識障害が起きたり興奮したりしがちで事故を起こしやすい。③ 徘徊による転倒や点滴のチューブの引き抜きを防ぐために、必要に応じて身体拘束を行なうことをためらうべきではない。

第2段落

④ その一方で、日常的に介護を担っている家族へのケアも重視しなくてはならない。⑤ 介護によって自分の生活が犠牲になることも多く、うつ病になる割合が高いとされる。また、認知症にたいする無理解から、認知症患者に虐待をしてしまうようなケースも見受けられる。

第3段落

介護者のストレスが高まった状態では、認知症患者の症状も悪化しがちであるため、介護者のストレスをケアする方法についてともに考えたり、認知症についての知識について学んでもらう機会を設けたりする必要がある。⑥ 家族自体が自分らしくいられ、正しい介護ができるような支援を行なわなくてはならない。

(402字)

全体を通じた コメント

　前半では身体拘束（こうそく）の必要性について取りあげているが、これは、認知症患者の尊厳を大切にする「ケア」とは正反対であり、まったく評価できない主張である。身体拘束は身体機能の低下や認知症の進行を招くともいわれており、事故の責任を問われたくない病院側の保身のあらわれとして批判されている。そのため、現場では身体拘束を減らす試みが進められているところである。

　一方、本問は「認知症患者にたいする介護のあり方」という問題設定なので、解答としては認知症患者自体にアプローチする内容が求められており、家族や介護者について取りあげられている第2段落以降は評価の対象にならない。ただし、最終文の「正しい介護」という表現以外の部分は内容として間違っているわけではないため、参考にしてもらいたい。

答案例へのコメント

➡❶：〇　患者の安全管理は大切であり、書き出しとしては悪くない。

➡❷：✕　認知症患者が事故を起こしやすいという指摘は正しいが、「もともと意識が混乱している」という見方は誤解であり、また、偏見でもある。

➡❸：✕　身体拘束を行なわない取り組みが進んでいる現状に逆行する提案であり、まったく評価できない。

➡❹：✕　「認知症患者にたいする介護のあり方」という問題設定からはずれている。

➡❺：〇　家族のうつ病や虐待（ぎゃくたい）といった問題の指摘は間違っていない。

➡❻：✕　それぞれの認知症患者に合わせた介護が求められるため、「正しい介護」という表現は不適切である。

神髄
⑬

認知症患者の人格を認めない見方はいますぐ捨てよ！

🦉 合格点がもらえる答案例

• パーソン・センタード・ケア

❶認知症患者にケアを行なうときに心がけるべきこととしては、患者を自分たちと同じ人格をもついち個人として尊重し、その人の立場になってケアを行なうパーソン・センタード・ケアに取り組むことが大切である。

• パーソン・センタード・ケアが必要な理由

❷認知症の中核症状によって引き起こされる周辺症状は、患者の健康状態や周囲との関係、患者の個性、さらには患者の人生観や生活歴といったさまざまな要因が影響している。❸また、認知症患者には、心のやすらぎや周囲との結びつき、さらには自分の役割を求めるといった、それぞれの心理的ニーズがあるとされる。❹こうしたことから、患者が自分の価値を自分で感じられるパーソンフッドを尊重したケアを行なうことにより、認知症の状態の改善につないでいくことが期待できる。

• ユマニチュード

❺そして、現場では意思疎通をスムーズにするための技法であるユマニチュードを用いることによって認知症患者に安心感を与え、患者と介護者のあいだに安定した信頼関係を築いていくことが求められる。

(407字)

全体を通じた コメント

　今回の答案は、パーソン・センタード・ケアの重要性を全面的に打ちだしつつ、実際の手法としてユマニチュードに取り組むことの重要性を述べるかたちでまとめられている。専門的な用語が言葉の定義とともにたくさん用いられており、認知症についての理解度の高さが読み手にしっかり伝わる。

　パーソン・センタード・ケアは、単なる倫理や理念にとどまらず、認知症の状態の改善につながる意義も見込めるという点で大切な考え方である。認知症患者にケアを行なうときの心がけとして最優先で取りあげる必要があるだろう。

　第3段落ではユマニチュードについて触れられていたが、第2段落の内容を短くし、ユマニチュードが具体的にどのような手法なのかという説明を加えて全体のバランスをとることも考えられる。

答案例へのコメント

➡❶：◎　「パーソン・センタード・ケア」という用語の定義についてくわしく説明できていてわかりやすい。

➡❷：◎　認知症の症状にたいする理解の深さがみてとれる内容である。

➡❸：◎　認知症患者の心理も取りあげられていて、説得力がある。

➡❹：◎　パーソンフッドを尊重したケアが認知症の状態の改善につながるという意義が加えられている。

➡❺：○　患者とコミュニケーションをはかる手法が提示できている。

神髄
⑭

認知症ケアの基本は、人間関係を築く基本と同じ！

テーマ 8

AIと医療・介護

AI が医療と介護の未来を切りひらく！　頻出ランク ★★★★★

 これがテーマの神髄だ！

★「AI」とは？

- **AI（人工知能）**→ P.107 ：人間と同じように考えたり学習したりするシステム。会話や大量の情報の処理によって分析や判断を行なうことができる。医療や介護分野への応用も進んでいる

★ AI の長所と短所

- 長所：蓄積した膨大なデータにもとづいて瞬時に分類したり行動や変化を予測できたりする点
- 短所：創造性やコミュニケーション能力、価値判断を行なう能力が欠如している点

★ 医療や介護の現場での AI とのかかわり方

- 医療や介護ではコミュニケーションや状況に応じる力が求められるため、全面的な代替は進まないが深刻な人手不足の解消に期待
  - ➡ 思いやりや心のふれあいといった、人間ならではの業務を充実させていくという視点をもつことが重要
  - ➡ 専門職として求められる技量は保持しつづけるべきである

★ 理由を説明できる AI の必要性

- AI の考えのプロセスがみえないブラックボックス問題 → P.114
  - ➡ 説明責任（アカウンタビリティ）→ P.114 が厳しく求められる医療分野で使うのは難しい
  - ➡ AI の思考過程を理解できる XAI → P.114 の研究が進む

テーマ ［解説］

実際の出題例を見てみよう！

➡解答・解説は p.115 〜

出題例

医療において人間とAIはどのように共存すべきか、400字程度で書きなさい。

（昭和大学・医学部／改）

◆「AI」とは？

最近「AI」という言葉をよく耳にするのですが、どういう意味なのか、あらためて教えてください！

　AIはArtificial Intelligenceの略称であり、日本では「人工知能」と訳されることが多い用語です。定義は研究者によって異なりますが、「コンピュータ上に人間の知能を再現したもの」「知的なコンピュータプログラムをつくる科学と技術」というように、人間と同じように考えたり学習したりするシステムのことを全般的にさしています。AIという言葉がはじめて用いられたのは1956年にアメリカで開催されたダートマス会議という国際学会の場であり、提唱者とされるイギリスの数学者アラン・チューリングは「AIの父」ともよばれています。

　その後、ルールが決められたなかで最適な答えを探したり前もって知識を入力すれば現実的な問題も解けるようになったりする進化を遂げていったAIは、インターネットの普及やコンピュータの性能向上でさらに注目を集めるようになりました。そして、2012年に画期的な画像認識手法が開発されたことによって、人間のような会話をしたり、大量の情報を処理して分析や判断を行なったりすることができる

ようになったのです。現在では自動翻訳や車の自動運転、医療や介護など幅広い分野への応用が進められており、今後もさまざまな分野にAIが進出していくとみられています。

自動翻訳や自動運転だけでなく、医療や介護の分野にもAIが応用されるようになっているのですか？

　そうなのです。せっかくなので、とくに医療や介護の分野で応用されているAIについて2つ紹介しておきましょう。

❶　AI によるインフルエンザ診断
　インフルエンザに罹患しているかを診断するための検査では、鼻腔の奥の粘膜を綿棒で拭って調べるなどの方法がおもにとられています。しかし、痛みや不快感を覚える患者もいることや、判定までの時間が15分程度かかることが課題となっていました。
　こうした事態の改善に向け、咽頭画像と体温や自覚症状等をAIが解析することで、インフルエンザに特徴的な所見や症状等を検出する新しいインフルエンザ検査機器が開発されました。まず、患者が口にくわえた咽頭専用カメラにより咽頭を撮影します。そして、50万枚以上の咽頭画像データベースを元に学習して構築されたAIを用いた解析システムに画像データと問診情報を送信します。すると、インフルエンザ感染時に咽頭後壁に出現する、インフルエンザ濾胞とよばれるイクラのような赤いぶつぶつの有無を見極め、問診情報と合わせてわずか数秒～十数秒で判定結果が出てくるのです。インフルエンザ濾胞を見分けるには熟練の医師による診断が必要とされているため、AIが熟練医師の視診を再現したことになります。
　こうした構造などが既存の医療機器とは明らかに異なると認定さ

れ、厚生労働省が定める「新医療機器」の承認をAI搭載医療機器として日本ではじめて取得しました。また、従来のインフルエンザウイルス迅速検査キットを用いた診断の場合と同じ点数での公的保険も適用され、患者の費用負担や医療機関収入は従来のキットを用いた場合と変わらなくなりました。

今後、政府はAIなどを使った医療用の画像診断ソフトの普及に向け、一定の安全性や有効性が確認されれば機器の使用を暫定的に認めるしくみを検討することにしています。

❷ AIによる介護業務の効率化

高齢化の進展により、現在介護人材の不足や介護費用の膨張がますます懸念される状況になっています。2021年度の介護費用の総額は約11兆円ですが、高齢者人口がほぼピークを迎える2040年度には約25.8兆円に達し、介護職員も約69万人増やさなければならなくなると推計されているのです。こうした背景から、介護者の身体機能や食事の状態、リハビリといった膨大なデータを科学的に蓄積してAIを活用することで、質を落とさずにケアを続けられるような業務の効率化を進めることが期待されています。

具体例として、介護施設の玄関付近に設置された防犯カメラに映し出された人の顔と事前に登録したデータベースの個人情報をAIが照合し、認知症を患った入居者と一致した場合は職員のスマートフォンに写真と氏名が通知されることで、失踪を防ぐシステムが開発されています。

ほかにも、トイレで高齢者らの排せつ物の状況などをAIで分析し、健康状態を無人で管理する実証実験も進められています。介護施設には、便秘や下痢で腸閉塞や脱水症状になる恐れがあるため、入所者一人一人に聞き取ったり、すぐ流さずに見せてもらったりして排便状況を手書きで記録するといった業務があります。また、トイレで利用者が転倒したり、うまく排せつできず衣服を汚したりする場合に備え、

職員が頻繁に巡回しなくてはなりません。こうした負担を軽減するため、便座などに取り付けたセンサーで入室や着座などの状況を検知して職員のスマートフォンに知らせ、便の形や大きさを国際的な指標にもとづいてAIが判定して記録したり、排便が長期間ない場合や便が泥水状態といった場合には職員に注意を呼びかけたりするトイレの開発が進められています。

> AIってほんとうにすごいんですね！　まさに万能という感じがします。

◆ AI の長所と短所

　いや、じつはAIにも長所と短所があるのですよ。

　AIは、蓄積した膨大なデータにもとづいて、瞬時に分類したり行動や変化を予測したりすることが得意です。例としては、テキストを読み上げたり人の声を文字に起こしたりする音声認識や、画像に映っている対象と複数のデータの共通点を照らし合わせて判断していく画像認識、さらに単語を別の言語に翻訳していく自然言語処理などがあげられます。

　とくに近年は、人間があらかじめすべてのルールを定義することなくコンピュータが大量のデータから自動的に特徴を発見して分類する「ディープラーニング（深層学習）」とよばれる能力の進化が著しく、多くの分野で自動化が進んでいます。また、SNSのプロフィールやウェブサイト上での検索内容などから個人の行動を予測してその人に向けた効果的な広告を出すことも可能となっており、世界的な巨大IT企業であるビッグ・テック（Google、Apple、Meta（旧Facebook）、Amazon、Microsoft）が多大な収益を得ているとされています。

　そして2022年には、アメリカの新興企業オープンAIが公開した対

話型AI「Chat（チャット）GPT」が世界中の注目を集めました。人間が通常使用している自然言語を数十兆文字という規模で大量に学習させて、言語の理解や生成、画像生成などが可能となる大規模言語モデルを活用しており、質問を記入するだけで必要な情報を集めて、わかりやすく伝えてくれるのです。将来的には、利用者の属性をふまえて表現を変えたり、AIから提案したりするなど、個人に最適化された情報提供サービスへの進化も見込まれています。そして、このような人間の指示に従って文章や画像、動画などを生成する生成AIの開発に多くの企業が取り組んでいる状況です。

　一方で、最初は人間がデータや情報を与える必要があることから、AI自身が何もないところから何かを創造することはできず、まったく前例のない状況に対応することも不可能です。誤ったデータでAIが訓練されれば出力される情報も誤ったものとなることから、フェイクニュースや偽の情報が流布される危険性もあります。また、言葉の意味を理解して解釈したり、言葉を発した人間の感情や意図をくみ取ったりすることも不得意であるため、人間の気持ちに配慮して伝え方を変えるようなコミュニケーションをとることは難しいのです。

　さらに、AI自身の価値観は取り込まれたデータによってどのようなものにも変わりうるため、導きだされた結果にたいしてAI自身の責任でそれをどう評価すべきか、何を正しいと判断するかを求めることはできません。たとえば、暴走した車が向かってきた場合、同乗者を守るために歩行者を犠牲にして正面衝突を回避することは、人間であれば正当防衛が認められる場合もあるでしょうが、自動運転車のAIにどのようなプログラムを搭載することが許されるかという点については、簡単に結論を導くことは困難でしょう。

　つまり、創造性やコミュニケーション能力、価値判断を行なう能力は欠如しているといえるので、人間はこうしたAIの特性をふまえてAIを活用していく必要があります。

なるほど、まだ人間が活躍できる場所はありそうですね。医療や介護の現場では、AIをどのように活用していけばよいのでしょうか？

◆ 医療や介護の現場での AI とのかかわり方

　2013年、今後10 ～ 20年間でアメリカの雇用の約47％がAIやロボット技術の進歩で自動化され、機械におきかえられる可能性が高いというオックスフォード大学の研究結果が発表されました。日本でも、2015年に日本の労働人口の約49％が人工知能やロボットなどで代替可能と予測され、大きな話題となりました。その後、自動化の影響を細かく見直した結果、代替されるリスクが高いのは先進国平均で労働人口の1割程度であろうという予測に変化したのですが、経済協力開発機構（OECD）の最新の調査によると、日本においては、労働人口の約15％にあたる約1,000万人が代替される可能性があるとされています。具体的には、窓口担当者や一般事務、レジ担当や警備員に加え、金融・財務・税務系のデスクワークのような定型的な仕事への影響が大きいとみられています。こうした仕事に就いている人たちが職を失うテクノロジー失業が起きるといわれているのです。

　とはいえ、雇用が奪われることへの警戒感や人間らしさが失われることへの嫌悪感をいだいて否定的な姿勢でAIをとらえてはなりません。危険性が高かったり身体的負荷が大きかったりする業務はAIに任せ、そうした業務の代わりに人間ならではの業務を充実させていくという視点をもつことが重要です。

　この点をふまえると、AI時代の医療や介護の現場で最も求められるのは、思いやりや心のふれあいであるといえるでしょう。高齢化の進展によって医療も介護も深刻な過重労働と人手不足に陥っており、医師が患者と視線を合わせて話をする時間がなくなっていたり、穏や

かな気持ちで介護したりすることなどが難しくなっています。

　現段階では、医療や介護の現場は、コミュニケーションや状況に応じる力が求められるため、全面的な代替は進まないとみられていますが、AIを使ったシステムがさらに普及していけば、医師にも看護師にもゆとりが生まれ、患者の顔をみながら患者の気持ちに寄りそって病状を説明することや、患者のケアを充実させることができるでしょう。また、介護職員は優先的にケアが必要な人への対応時間を延ばすことが可能となるでしょう。AIをじょうずに活用して、人間ならではのケアを心がけていくことが大切です。

　そして、もう一つ重要なのが、AIに完全に頼りきらないことです。機械であるAIは、いつ故障するかわかりません。とくに、災害時には医療が提供できない医療崩壊に直結するため、専門職として求められる技量は保持しつづける必要があります。

第3章

やはり、ロボットではなく、医師が責任を果たせないといけないのですね。最後に、今後の課題について教えてください！

◆ 理由を説明できる AI の必要性

　今後、医療現場においてAIが普及していくために最も強く必要とされているのが、理由を説明できるAIの開発です。

　脳の神経回路網に似たしくみをとり入れた「ニューラルネットワーク」とよばれる技術によって画像・音声認識の精度が飛躍的に高まったことから、AIはついに囲碁で最強の棋士を打ち負かすまでに進化しました。その一方で、複雑な計算をくり返していくAIの「思考」過程が人間にみえにくくなったことから、なぜAIは勝利につながる手が打てたのかという判断の根拠が人間には理解できなくなってしまったのです。このように、AIが考えるプロセスがみえないことは

「ブラックボックス問題」とよばれています。

　AIの判断根拠や過程がわからないことによる最大の問題点は、最終的にどういう理由で判断したのかが理解できないと、人間がAIを完全には信頼できないということです。たとえば、人命に被害を与えるような判断をAIがくだしてしまった場合、なぜそのように判断したのか、どうすれば回避できたのかを検証したり、どのような対策をすべきかを検討したり改善したりすることは不可能です。そのため、結論にいたるまでの説明責任（アカウンタビリティ）が厳しく求められる医療分野で使うのは難しい状況です。

　世界保健機関（WHO）の「健康のためのAI倫理とガバナンスに関するWHO専門家委員会」は、2021年に「健康におけるAIの倫理とガバナンス」を公開し、AIが公共の利益のために機能するための倫理原則のなかにAIの透明性を向上させて説明可能なものにしなければならないことを盛り込みました。また、厚生労働省は2018年に、医師が診断や治療でAIを使うにあたり最終的な判断の責任は医師が負うとする見解を示しました。現段階では、AIが医師に効率よく情報を提示する支援ツールにすぎないという考えにもとづいたものです。

　ただし、この見解はあくまでも当分の措置として位置づけられています。というのも、AIの精度がさらに高まっていった場合、医師の判断でAIを使わなかったために病気を見のがしたなどと訴えられる危険性があるからです。

　現在、AIが画像のどこに注目しているのかをみえるようにしたり、AIが再入院する確率を示したときに過去の治療や病歴などのデータをもとに説明できるようにしたりするといった、人間が納得できる説明を複雑なモデルから取りだす研究が進められています。こうしたAIの思考過程を人間が理解できるようにする技術は「XAI（Explainable AI：「説明可能なAI」）」とよばれています。今後の進化によっては判断の主体がAIになり、医師は確認だけを行なうというように役割分担が変化していくことも十分考えられるでしょう。

出題例の［解答・解説］

　医療において人間と AI はどのように共存すべきか、400 字程度で書きなさい。

構想メモを書いてみよう！

AIの長所と短所　━━　データの分類が得意。感情や意図をくみ取れない

- 蓄積した膨大なデータにもとづき、瞬時に分類することが得意
- その場に応じて臨機応変に対応することは不可能

AIとのかかわり方　━━　熟練医師でなければ手間取る業務の代替手段

- 経験が必要な視診のような熟練医師でなければ手間取る業務を効率化するために用いることによって、人間の役割を補完していく

今後の課題　━━　人間がコミュニケーション力を磨き非常事態に対応

- 思いやりや心のふれあいといった、患者に寄りそうケア
- 故障に備え、AIに依存しきることなく専門性を磨く

　AI を全肯定することも全否定することも現実的ではないため、AI の長所と短所をふまえ、医療と介護のどういった領域で AI を活用していくべきかをまず明示しておきたい。そして、AI とかかわる現場の人間が取り組むべき課題を具体的に示す。また、次のように、今後の課題を中心に据えて論じるという流れもある。● 最終的にどういう理由で判断したのかが理解できなければ、人間が AI を完全に信頼することはできない➡● 結論にいたるまでの説明責任（アカウンタビリティ）が厳しく求められる医療分野で使うのは難しい➡● XAI（説明可能な AI）を開発する必要がある

合格点まであと一歩の答案例

第1段落

近年のAIは、人間があらかじめすべてのルールを定義することなく、コンピュータが大量のデータから自動的に特徴を発見して分類するディープ・ラーニングとよばれる能力の進化が著しくなっている。そのため、AIが解析するインフルエンザ検査機器など、医療や介護の現場でも活用される事例が多くみられるようになった。

第2段落

高齢化の進展によって、医療現場における人手不足がますます深刻化してくることはもはや避けられないだろう。よって、これからはAIのほうが人間よりもすぐれている分野だけでなく、ほぼ人間と変わらない能力をもった分野にも積極的に採用していく必要があるだろう。人間とAIとの信頼関係の構築が不可欠である。

第3段落

AI技術の普及に向けて欠かせないのが、AIを搭載したシステムやロボットの価格引き下げである。政府は保健医療分野でのAI研究開発の加速に向けて予算を投じて市場を活性化させ、技術革新をさらに促していくべきだ。

(397字)

全体を通じた コメント

　この答案については、現状の分析や事例の提示、今後の課題やそれに向けた解決策など、一定の水準以上の内容は盛り込めているといってよい。ただし、「医療において人間とAIはどのように共存すべきか」という課題にまっすぐ向き合う姿勢がうまく示せていないため、医系小論文の答案としてはピントがずれているとみなされてしまう危険性がある。

　最大の問題点は、「ほぼ人間と変わらない能力をもった分野にも積極的に採用していく必要がある」という主張に、患者の生命や健康にたいする配慮を欠く姿勢がみえる点である。医療現場における責務について意識を高める必要がある。

答案例へのコメント

→❶：◎　AIの技術進化にたいして適切な説明が展開されている。

→❷：○　医療現場での活用例が具体的に示されていて、わかりやすい。

→❸：◎　医療現場での大きな課題である人手不足について取り上げることは、問題意識として高く評価できる。

→❹：×　技術革新にたいして前のめりになりすぎている。患者の生命や健康にかかわる医療現場では慎重さが求められる。

→❺：×　「AI」と「信頼関係」を結ぶという表現が、独特すぎて読み手に伝わってこない。

→❻：△　AIを搭載したシステムやロボットの価格引き下げは重要な課題ではあるが、医療現場で取り組める課題を提示したほうがよい。

神髄
⑮

AI技術の進化に頼りすぎるのはよくない！

第3章

合格点がもらえる答案例

AI の長所と短所

　①AIは、蓄積した膨大なデータにもとづいて、瞬時に分類することを得意とする。②その一方で、まったく前例のない状況に対応することは不可能である。③また、言葉の意味を理解して解釈したり、言葉を発した人の感情や意図をくみ取ったりすることも不得意であるため、人間の気持ちに配慮して伝え方を変えるようなこともできないといった欠点をもつ。

AI とのかかわり方

　④こうしたAIの長所と短所をふまえ、医療現場ではAIを用いたインフルエンザ検査機器のような、経験が豊富な熟練医師でなければ判断に手間取る業務を効率化するために用いることで、人間の役割を補完していくのがよいだろう。

今後の課題

　⑤一方で、思いやりや心のふれあいといった、患者に寄りそうケアをAIにゆだねることはできないため、人間はいままで以上に人間ならではのコミュニケーション力を磨いていく必要がある。⑥また、AIは機械である以上いつ故障してもおかしくないため、AIに依存しきることなく専門性が発揮できるように備えておかなくてはならない。

(418字)

全体を通じた コメント

　人間がAIを活用していくために必要不可欠なAIの長所と短所が第1段落でまとめられており、読みやすい構成となっている。今回の問題については、いきなり「医療において人間とAIはどのように共存すべきか」について説明を始めるよりも、AIの前提知識について読み手と共有しておく組み立てにするほうがスムーズに書けるだろう。

　第2段落では、「AIを用いたインフルエンザ検査機器」といった具体的な事例を持ちだし、AIに代替させるべき業務を示している。AIによる介護業務の効率化について取りあげてもよいだろう。

　そして、第3段落では、医療現場で働く人間が引き続き担うべき領域について、第1段落で示したAIの短所をふまえて説明できており、バランスがとれた答案に仕上がっている。

答案例へのコメント

➡**❶**：○　AI活用法の前提となる、AIの長所が的確に示されている。

➡**❷**：○　このあとの議論で十分にはいかせていないが、指摘自体は正しい。

➡**❸**：○　人間の長所と対照的なAIの短所を示せている。

➡**❹**：◎　医療現場における具体的な事例とともに、どのような領域でAIを活用していくべきかという考えが、わかりやすく示せている。

➡**❺**：◎　AIがどれだけ進化したとしても代替できない、人間ならではのコミュニケーションの重要性について述べられている。

➡**❻**：◎　AIに専門職が担ってきた機能をゆだねてしまうことの危険について認識できている。

神髄
16

AIと人間双方の長所をいかした役割分担を示そう！

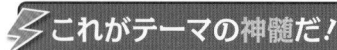

テーマ 9

臓器移植

救えるいのちを増やすには

頻出ランク ★★★★★

⚡これがテーマの神髄だ!

★ 「臓器移植」とは?

- 臓器移植 → P.121：病気や事故で臓器の機能が低下して回復が見込めない場合、ほかの人の健康な臓器を移植して機能を回復させる医療

★ 「脳死」とは?

- 脳死 → P.122：脳全体が障害を受けて機能しなくなること
  ➡ 臓器提供の意思がある場合に限り脳死判定 → P.123 を実施

★ 臓器移植の歴史と現状

- 1997 年に臓器の移植に関する法律（臓器移植法）→ P.123 施行
  2010 年に改正臓器移植法施行
  ➡ 本人が生前に拒否の意思を示していなければ家族の同意で臓器提供可能に。15 歳未満の子どもでもドナー → P.121 になれる

★ 国内での臓器移植を増やすために

- 臓器移植にたいする関心を高め、家族で話し合うようにする
- 臓器提供を希望する人に確実に提供できるシステムの構築

★ iPS 細胞で臓器が生まれる !?

- iPS 細胞（人工多能性幹細胞）→ P.138 の研究が進んでいくなかで、臓器移植に代わる医療技術の開発が進められている
  ➡ 胚 → P.140 を動物の子宮に戻して出産させることも解禁

テーマ [解説]

実際の出題例を見てみよう!　→解答・解説は p.129～

出題例

　現在の日本の臓器移植の課題について言及し、改善させるための具体的な方策について、400 字程度で述べなさい。

（琉球大学・医学部／改）

◆ 「臓器移植」とは？

> この前、マイナンバーカードの裏に「臓器提供にかんする意思を表示することができます」と書いてあるのに気づきました。臓器移植について教えてください。

　「臓器移植」とは、病気や事故で臓器の機能が低下して回復が見込めない場合、ほかの人の健康な臓器を移植して機能を回復させる医療のことで、「究極の治療」といわれます。臓器を提供する人は「ドナー」、移植を受ける人は「レシピエント」といいます。

　臓器移植には、原則的に親族に限定された健康な人から臓器の提供を受けて移植を行なう**生体臓器移植**と、亡くなった人から臓器の提供を受けて移植を行なう**死体臓器移植**があります。さらに、死体臓器移植は、脳死した人から提供される**脳死臓器提供**と、心臓が停止（心停止）したあとに提供される**心停止後臓器提供**に分かれます。

　生体臓器移植で移植できる臓器は、肺・肝臓（かんぞう）・腎臓（じんぞう）と医療保険の適用外で膵臓（すいぞう）と小腸、脳死臓器提供ではこれに加えて心臓と眼球（角膜（かくまく））も移植可能です。なお、心停止後の臓器提供は腎臓・膵臓・角膜のみとなっています。また、死体臓器移植では、心臓と肺、肝臓と腎臓、膵臓と腎臓、肝臓と小腸の組み合わせしか同時に移植できないと

されています。

　角膜は、医学的には組織移植なのですが、眼球のまま摘出するために、法的には臓器移植として扱われています。

　2021年に行なわれた各臓器の生体移植、脳死下移植、心停止下移植の実施数は、以下の表のとおりです。

	生体	脳死下	心停止下
腎臓	1,648	106	19
肺	19	74	0
肝臓	361	60	0
膵臓	0	23	0
小腸	0	2	0
角膜	814		0
心臓	0	59	0

出典：一般社団法人日本移植学会「2022 臓器移植ファクトブック」（角膜以外）
http://www.asas.or.jp/jst/pdf/factbook/factbook2022.pdf
公益財団法人日本アイバンク協会「年度別眼球献眼者数等の推移」（角膜）
https://j-eyebank.or.jp/doc/business/06_2022statistic.pdf

◆ 「脳死」とは？

> 1つ質問したいのですが、「脳死」とはどういう状態のことですか？

　人間の脳は情報を識別してそれに応じた運動を命じます。脳は、思考や記憶、感情のコントロールを行なう大脳、身体のバランスをとる平衡機能や運動調節機能をもつ小脳、そして呼吸や循環機能の調整、意識の伝達といった生命活動に欠かせない営みを支配する脳幹から成り立っています。これらの脳全体が障害を受けて機能しなくなることが脳死（全脳死）です。いったん脳死状態になるとやがて心停止にい

たり、けっして回復することはないとされています。

　しかし、心臓が止まって血液が流れなくなる心臓死とは異なり、脳死段階では体温もあり、人工呼吸器などによって酸素を肺に送ると心臓はしばらく動き続けるため、周囲の人間が「死」と受けとめるのは難しい状況です。そのため、日本では1997年に制定された「臓器の移植に関する法律」（臓器移植法）の定めにより、臓器を提供する意思がある場合に限って脳死を人の死とするための脳死判定を実施することになりました。

　臓器移植の意思表示は、臓器提供意思表示カード（ドナーカード）や運転免許証・マイナンバーカード・インターネットによる意思登録で行なうことができます。「脳死後及び心臓が停止した死後のいずれでも臓器を提供してもいい」「脳死後での臓器提供はしたくないが、心臓が停止した死後は臓器を提供してもいい」「臓器を提供したくない」という意思の選択に加え、提供したくない臓器の選択、皮膚、心臓弁、血管、骨などの組織の提供意思や親族優先提供の意思表示を記入する特記欄、本人の署名および署名年月日を自筆で記入する欄と家族の署名欄があります。

　脳死判定は、脳神経外科医など移植医療と無関係な2人以上の専門医師が行ないます。死亡とされるのは、「刺激に反応しない深い昏睡」「瞳孔の散大と固定」「脳幹反射の消失」「平坦な脳波」「自発呼吸の停止」に陥り、これらの状態が6時間継続していることが確認された時点です。

臓器移植法が制定されたのが1997年ということは、臓器移植の歴史ってまだ浅いんですね。

◆臓器移植の歴史と現状

　世界初の心臓移植は1967年に、脳死下の心臓移植は1968年に実施されています。日本でも1968年に心臓移植が行なわれたのですが、脳死判定の経緯が不透明だったなどと批判があがり、執刀医が告訴される事態にまで発展したために、諸外国にくらべるとしばらく移植医療は進みませんでした。

　しかし、人工呼吸器などの医療機器の発達で脳死の状態がより多く発生するようになり、臓器移植ができるにもかかわらず移植を待ちながら亡くなっていく患者が多数存在することや、健康なドナーに負担をかける生体移植にばかり頼ることについての議論が巻き起こって、1990年からは日本でも脳死の定義について議論が始まりました。その結果、「竹内基準」とよばれる基準が定まり、1997年に臓器移植法が施行されたのです。しかし、議決のさいには、採決を棄権した1つの政党を除き、人の死を定義するという、議員個人の倫理・宗教観にかかわるような議案だったことから、例外として党議拘束をはずしたほど議論が分かれていました。

　その後、1年以上ドナーは現れなかったのですが、1999年に高知赤十字病院で40代の女性がはじめて脳死と判定され、心臓・肝臓・腎臓・角膜が摘出されたあと6人の患者に移植されて初の脳死下臓器提供が成功しました。ただし、本人が生前に臓器提供の意思を書面で示す必要があり、提供できるのが15歳以上と厳しい規定になっていたことから、年間の臓器提供は最大でも年間13例でした。

　そのため、患者は海外で移植を受ける渡航移植に頼っていたのですが、違法な手段で提供された臓器を海外から来た患者に移植する移植ツーリズムが2000年代に問題視されたため、2008年に、国際移植学会から自国の臓器提供で救える命は自国で救うよう求めるイスタンブール宣言が出され、渡航移植が受けられない国が増えたのです。

　こうした状況をふまえ、2010年に改正法が全面施行されて、本人が生前に拒否の意思を示していなければ家族の同意で臓器提供ができ

るようになり、民法上遺言が適用されていない15歳未満の子どもも
ドナーになれることとなりました。さらに、親族にたいし臓器を優先
的に提供する意思を書面により表示できるようになったり、免許証の
裏に意思表示欄ができたりしました。

　1999年以降の脳死患者からの臓器提供件数の推移は、下記のグラ
フのとおりです。なお、2021年における100万人あたりの臓器提供数
の国際比較では、日本はわずか0.62人と世界最低レベルにとどまって
います。

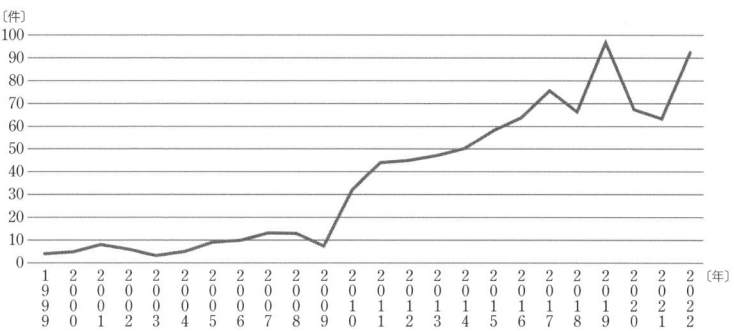

出典：一般社団法人日本移植学会「臓器移植に関する提供件数と移植件数（各年）」
　　　http://www.asas.or.jp/jst/pdf/factbook/factbook2022.pdf

脳死患者からの臓器提供件数の推移

腎臓	角膜	心臓	肺	肝臓	膵臓	小腸
13,974	1,922	891	530	298	26	9

出典：厚生労働省「臓器移植の実施状況等に関する報告書」
　　　https://www.mhlw.go.jp/content/001104479.pdf

2023年3月31日現在の移植希望登録者数（同時移植の希望者は含まれていない）

◆ 国内での臓器移植を増やすために

提供数と移植希望者の数に大きな差があるので
すね……　何か打てる手はないのでしょうか？

内閣府が実施した2021年の世論調査によると、脳死や心臓停止に陥った場合の臓器提供に肯定的な回答をした人は39.5%であるのにたいし、否定的な回答をした人は24.3%と、国民意識として臓器提供に抵抗感が広がっているというわけではないようです。ただし、そもそも臓器移植に関心があるかどうかをきいたところ、「関心がある」は65.5%と全体的に意識が高いとはいえず、臓器を提供する・しないといった意思を免許証などに記入している人の割合は10.2%です。

　とはいえ、国としては臓器移植は個人の倫理・宗教観にかかわるので、移植医療を積極的に推進したいとはいいにくいため、まずは臓器移植にたいする国民一人ひとりの関心を高めることが重要です。

　同じ2021年の世論調査では、家族や親しい人と臓器提供や臓器移植について話をしたことがあるかどうかも尋ねています。それによると、「話をしたことがある」割合は43.2%となっており、自分の考え方をまとめたり家族にわかってもらったりするためにも、事前に家族で話し合うようになることが望ましいといえるでしょう。

　また、医療現場の体制整備も喫緊の課題です。厚生労働省によると、脳死提供が許可されている医療施設は全国に約900あるのにたいし、提供体制が整っている施設は半数以下しかなく、さらに提供経験がある施設は全体の2割にすぎません。そのため、患者に提供の意思があっても、院内マニュアルが整っていないなどの施設側の問題で移植を断念したケースも存在しています。

　ただし、脳死下の提供をするには、脳死判定する医師の確保、脳波をはかる部屋の準備、患者側への説明やのちの検証のための資料づくりなどの負担が大きいことはたしかです。よって、脳死判定に精通した医師の派遣や、家族に寄りそってケアやサポートをしつつ臓器提供を選択肢として提示できるドナーコーディネーターといった移植にかかわる人材の確保をはかるなど、臓器提供を希望する人が確実に提供できるシステムの構築が求められています。

◆ iPS 細胞で臓器が生まれる !?

なるほど、私もいざというときに臓器提供をすべきか、真剣に考えてみることにします。

最後に、iPS細胞（人工多能性幹細胞(たのうせいかんさいぼう)）→ P.138 の研究が進んでいくなかで、臓器移植に代わる医療技術の開発について紹介します。

❶ ミニ肝臓

iPS細胞からつくり出した3種類の細胞を組み合わせて肝臓の機能をもつ組織をつくり、数億個を移植して肝臓の機能を補う。

❷ 角膜(かくまく) → P.121

第三者のiPS細胞を角膜の細胞に変化させ、シート状にして患者の眼に300万〜400万個の細胞を移植する。

❸ 心臓の筋肉細胞

iPS細胞から心臓の筋肉細胞をつくり、シート状にして約1億個の心筋細胞を重い心臓病患者に移植する。

❹ 腎臓

腎臓の器官の一つである血液から老廃物(ろうはいぶつ)をこし取って尿をつくるネフロンをiPS細胞から作製する。

2019年には、「ヒトに関するクローン技術等の規制に関する法律」にもとづく文部科学省の指針が改正され、胚(はい) → P.140 を動物の子宮(しきゅう)に戻して出産させることが解禁されたことにより、iPS細胞を使って、動物の体内でヒトの臓器をつくる基礎研究計画が了承され、今後、研究されることになっています。この研究は、特定の臓器ができないようにマウスやブタの受精卵(じゅせいらん)の遺伝子(いでんし) → P.163 を操作し、受精卵の分割が進んで胎(たい)

児になる途中段階の胚盤胞にヒトのiPS細胞を注入して、動物の胚にヒトの細胞を入れた動物性集合胚を作製します。これを親マウスや親ブタの子宮にもどして胎児を産ませると、自分の臓器ができるはずのスペースにヒトのiPS細胞からできた特定の臓器ができるのです。この方法は「胚盤胞補完法」とよばれ、ヒトとの中間種が生まれるわけではありませんが、特定の臓器の細胞はすべてヒトの細胞由来になります。

2021年には、中国とアメリカの研究チームが、移植用の臓器などを動物でつくらせるための基礎研究を目的として、世界ではじめてヒトの細胞をサルの胚に注入して異種の細胞をあわせもつ「キメラ胚」をつくった、と発表しました。このできごとにはさまざまな反発がありました。たとえば、「動物の体内で臓器をつくることは動物の道具化につながるのではないか」という懸念、「ヒトと動物の境目はどこにあるのか」という判断への不安、ヒトと起源が近いサルという生物を使ったキメラであるという倫理的問題、および動物の細胞を人体に入れることへの抵抗感などです。

さらに2022年1月には、動物からヒトへの異種移植として、アメリカで重い心臓病の患者に遺伝子改変したブタの心臓が移植され、患者の体内で60日間拍動を続けたという報告がなされました。

ヒトからヒトへの臓器移植に代わる医療技術の開発については、研究者と企業が一体となって推し進め、政府も支援していくべきですが、実験の経過を含めて詳細な情報提供やていねいな説明を行ない、研究の透明性を確保しながら理解を求める活動が不可欠です。

臓器移植は個人の生命の維持に直結する医療技術であり、患者の生きる希望そのものともいえますが、個々の死生観が大きくかかわる領域でもあるため、着実な取り組みを積み重ねることが大切です。

出題例の[解答・解説]

 出題例 ＜再録＞

> 現在の日本の臓器移植の課題について言及し、改善させるための具体的な方策について、400字程度で述べなさい。

構想メモを書いてみよう！

医療現場の 体制整備	施設側の問題で移植を断念させない

- 脳死判定に精通した医師を派遣するシステムの構築
- ドナーコーディネーターのような、移植にかかわる人材の確保

臓器移植に代わる 医療技術の開発	iPS細胞の研究の進展

- 研究者と企業が一体となり、政府も補助金などで支援すべきである
  - ➡ 実験の経過を含めて詳細な情報提供やていねいな説明を行ない、研究の透明性を確保しながら理解を求める活動も不可欠

臓器移植特有の特徴 をふまえた取り組み	生命の維持と生命倫理

- 個人の生命の維持に直結する医療技術
- 個々の死生観が大きくかかわる領域

日本の臓器移植にかんする課題である「医療現場の体制整備」「臓器移植に代わる医療技術の開発」「臓器移植にたいする国民一人ひとりの関心の向上」を取りあげる。具体的な改善策としては、脳死判定に精通した医師を派遣するシステムの構築や、移植にかかわる人材の確保、官民一体となった支援態勢、個々の死生観が大きくかかわる領域であることに配慮した世論などがあげられる。

第3章

● 第1段落

　日本の臓器移植にかんする課題としては、個々人の死生観にばらつきがあり、臓器移植にたいして自己の問題として決めあぐねているという実態があげられるだろう。内閣府の世論調査によると、臓器を提供する・しないといった意思を「記入している」割合は1割程度にすぎないという。

● 第2段落

　社会的には、臓器移植の前提となる脳死が人の死であるという考え方が受容されてきているのだろうが、脳死段階では体温もあり、心臓はしばらく動き続けるため、脳死を人の死として受け入れられない人の感情も十分に理解できるところである。私も、一般論としては臓器移植を推進すべきだと考えているが、自分が臓器を提供する・しないといった意思を明確にできるかというと、まだ気持ちの整理がついていない。臓器移植について家族と話し合ったこともなく、もし家族が脳死状態に陥ったとき、臓器移植を選択肢として提示された場合に承諾すべきか、やはり結論が出ていない。

（395字）

全体を通じた コメント

まさに「あと一歩」という表現にふさわしい答案であるといえる。

脳死を人の死として受け入れきれない市民の存在や葛藤により臓器移植の意思表示にふみきれないという実態は、たしかにあるだろう。内閣府の世論調査をデータとして引用し、主張を強めようとする姿勢も十分評価できる。

その一方で、第2段落後半が、単なる個人の感想や経験にもとづく作文になってしまったのが惜しい。今回の解答条件を満たすには、みずから提示した課題への効果的な解決策が求められる。死生観のばらつきは強制的に解消させるようなものではないので、「課題」として設定してしまったことに無理があったといえるだろう。

答案例へのコメント

→ **❶**：△ 臓器移植や脳死にたいして多様な価値観が存在していることは事実であり、重要な視点ではある。その一方で、「課題」として取りあげてしまうことにたいしては、どのように解決すべきなのかというイメージがつかみにくいため、違和感を覚える。

→ **❷**：◎ 適切なデータの提示は、文章の説得力を高めるうえで重要である。

→ **❸**：○ 臓器移植に大きくかかわる脳死にたいする価値観のあり方につき、双方の立場についてしっかり説明できている。

→ **❹**：✕ 作文ではないため、自身の個人的感想や経験について字数を割くべきではない。

→ **❺**：✕ 結論を保留してしまっている。これでは、今後に向けた道筋がみえてこない。

神髄⑰ 小論文では、なんらかの結論を明確に示そう！

● 医療現場の体制整備

　日本の臓器移植にかんする課題として、まず医療現場の体制整備を進めていく必要性を指摘したい。脳死判定に精通した医師を派遣するシステムの構築や、家族に寄りそって臓器提供を選択肢として提示できるドナーコーディネーターのような移植にかかわる人材の確保をはかっていくことで、施設側の問題で移植を断念するケースをなくさなくてはならない。

● 臓器移植に代わる医療技術の開発

　また、iPS細胞の研究が進んでいくなかで、臓器移植に代わる医療技術の開発を進めていくことも重要な課題である。研究者と企業が一体となり、政府も補助金などで支援していく体制を整えていきたい。さらに、こうした技術にたいして懸念をもたれないよう、実験の経過を含めて詳細な情報提供やていねいな説明を行ない、研究の透明性を確保しながら理解を求める活動も不可欠である。

● 臓器移植特有の特徴をふまえた取り組み

　臓器移植は、個人の生命の維持に直結する医療技術であると同時に、個々の死生観が大きくかかわる領域であることに配慮しつつ臓器移植にたいする国民の意識を高めていくことが重要である。

(416字)

全体を通じた コメント

　第1段落では、どのような整備が求められるかが具体的に示せている。また、なぜ医療現場の体制整備が臓器移植に不可欠なのかという視点も明示できている。ただし、これに加え、脳死提供が許可されている医療施設で提供体制が整っているのは半数以下であるといったデータを提示するなどしてもう少し内容をふくらませ、この内容だけで小論文全体を構成するという手もあったように感じられる。

　第2段落では、iPS細胞の研究について研究の透明性を確保しながら理解を求める必要性に触れることによって、生命倫理を無視して技術開発を行なっているのではないかという疑念を取り払えている。最終段落では、個々の死生観に配慮しながら臓器移植にたいする意識を高めていく重要性をまとめとして提示できている。

第3章

答案例へのコメント

➡❶：○　「医療現場の体制整備」という具体的な課題が明確に示せている。脳死提供が許可されている医療施設で提供体制が整っているところは半数以下しかない、というデータをここに加えて全体を構成するという手もある。

➡❷：◎　人材を確保していくことによって、臓器提供を希望しながら断念せざるをえない善意の消失を防ごうとする意図が伝わる。

➡❸：○　iPS細胞の研究が臓器移植を待つ患者の助けになる可能性について触れられており、知識の豊かさがみてとれる。

➡❹：◎　技術革新にゆだねきることなく、倫理面での懸念にも配慮した研究の進め方について言及できている。

➡❺：○　まとめの文として臓器移植全体の課題への見解が示せている。

神髄 18　個人の死生観を尊重した「究極の治療」をめざせ！

テーマ 10

再生医療

はたして iPS 細胞は万能なのか？　　頻出ランク ★★★★★

⚡これがテーマの神髄だ！

★ 「再生医療」とは？

- 再生医療 →P.135：細胞を活用して、生体組織や臓器の機能を補い、再生させることをめざした治療法

    ➡ 幹細胞 →P.136 の能力を活用することによって、臓器機能を回復させ病気やけがを治療しようとする研究が進む

★ 再生医療で注目されている幹細胞

❶ 体性幹細胞（組織幹細胞・成体幹細胞）→P.137

❷ 多能性幹細胞 →P.137

  ❶ ES 細胞（胚性幹細胞）→P.138

  ❷ iPS 細胞（人工多能性幹細胞）→P.138

★ 再生医療の課題

❶ 倫理的な問題点：受精卵にかかわる研究の進歩

  ➡ 14 日を超えたヒトの受精卵の培養解禁への道が開かれた

  ➡ なし崩し的に研究が広がることのないよう、ていねいな議論を積み重ね、社会全体の合意形成を図る必要がある

❷ 「iPS 細胞一極集中」の是正

  ➡ 国内では iPS 細胞による明確な効果が示された治療法はない

  ➡ 世界の動向をみながら、iPS 細胞がどんな疾患の治療に適しているのかを見きわめて柔軟に戦略を練っていくことが大切

  ➡ 海外の投資を呼び込む工夫や、海外製薬大手との連携も課題

テーマ ［解 説］

実際の出題例を見てみよう！　　　　　→解答・解説は p.143 〜

出 題 例

再生医療の課題と展望について、400 字程度で述べなさい。

(近畿大学・医学部／改)

◆ 「再生医療」とは？

> カミオ先生、よくニュースで再生医療について取りあげられていますが、そもそも再生医療ってなんですか？

「再生医療」とは、病気やけがによって生じた組織や臓器の欠損を修復して本来の状態に戻す治療法のことです。この再生医療の技術の一つが、ヒトから採取した細胞を培養し、活性化して患者の身体に戻すことによって修復・再生をはかる「移植医療」とよばれるものです。なお、ヒトの身体から採取した細胞を利用せずに人工的な材料を使う場合も広義の再生医療に含まれるとされています。

ただし、日本再生医療学会による再生医療についての定義には「機能障害や機能不全に陥った生体組織・臓器に対して、細胞を積極的に利用して、その機能の再生をはかるもの」とあり、NPO 法人再生医療推進センターの定義にも「病気や損傷により、機能低下や機能不全に陥った組織・臓器に対して、細胞の機能・再生機能を有効に活用して、組織・臓器の機能を再生させる医療」とあることから、今回は細胞を活用して生体組織や臓器の機能を補い、再生させることをめざした治療法について取りあげることとします。そのために、まずは再生医療の理解に必要な、細胞についての基礎知識から確認していくこと

にしましょう。

　私たちヒトには、つねに体の環境をある一定した状態に維持する機構が備わっています。健康であれば、体温や血圧、血液成分の濃度や気道の粘膜を覆う粘液の粘度など、ある程度の変化はあっても一定の幅に収まっています。これは生体の「恒常性の維持機構」とよばれるものであり、恒常性は「ホメオスタシス」ともいわれますね。このシステムは、臓器を調整する自律神経系、全身の器官の機能を制御するホルモンの分泌をコントロールする内分泌系、正常な細胞の損傷を最小限に抑えながら、細菌やウイルスといった病原体や、腫瘍から身体を防御する免疫系という3つの機能が相互に働き合うことによって成立しています。なお、ホメオスタシスを成立させる基礎としては、これら3つの機能以外に体液も重要です。

　恒常性の維持によって、ヒトはある程度のダメージを受けた組織でも修復して再生する能力も備えています。たとえば、包丁で指を切ってしまった場合、自然治癒力によって傷が治っていく過程を日々感じることができるでしょう。また、血液や皮膚のように、細胞の寿命が短く絶えず入れ替わりつづける組織を保つために、失われた細胞が再び生みだされ補充されています。失われた細胞を再び生みだしたり、失われた組織を補充したりするという作用に大きくかかわっている細胞のことを「幹細胞」とよびます。この幹細胞の一般的な定義として、次の2つの能力が不可欠であるとされています。

　1つめは、自分自身とまったく同じ能力をもった細胞をつくりだす能力をもっていることであり、これを「自己複製能」といいます。

　2つめは、私たちの身体を構成するさまざまな異なる種類の細胞に分化する能力をもっていることであり、これを「分化能（多分化能）」といいます。こうした幹細胞の能力を活用することにより、生体組織の自己再生能力を引きだして臓器機能を回復させ、病気やけがで失われた組織を治療しようとする研究が進められているのです。

……なんだか生物の授業みたいになってきましたけれど、もう少し説明を聞かせてください！

◆再生医療で注目されている幹細胞

　幹細胞は、さらに体性幹細胞（組織幹細胞・成体幹細胞）と多能性幹細胞に分類することができます。それぞれについて説明しておきましょう。

❶　体性幹細胞（組織幹細胞・成体幹細胞）

　身体の特定の組織や臓器の中に存在し、組織や臓器を維持していくために、傷ついて劣化した細胞を入れ替えたり病気やけがで消えてしまった細胞を新しく補ったりする役割を担う幹細胞です。代表的なものとして、白血球や赤血球、血小板などの血液細胞に分化する造血幹細胞、神経系をつくる神経幹細胞、骨、軟骨、脂肪、心筋などいくつかの異なった組織や臓器に分化する間葉系幹細胞などがあります。体性幹細胞は何にでもなれるのではなく、特定の細胞種に限って分化するのが特徴です。

　体性幹細胞は、培養皿の中ではある程度しか増殖しないため、治療に必要な多くの細胞を得ることができないという問題があります。また、患者自身の幹細胞を使う場合、摘出するのに負担がかかりすぎたり、培養に時間やコストがかかりすぎたりするという問題もあります。そのため、ほかの人の良質な幹細胞を大量に培養し、必要とする患者の治療に使う方法の研究も進められています。

❷　多能性幹細胞

　培養によって無限に増やすことができ、また培養条件を変えることによって身体を構成するさまざまな細胞に分化する能力をもつ幹細胞

です。なかでも、**ES細胞**と**iPS細胞**が再生医療の分野で大きく注目
されています。

❶ **ES細胞（胚性幹細胞）**

受精卵から発生が少し進んだ、動物の発生初期段階である胚盤胞
の中にある、将来胎児を形成する内部細胞塊の細胞を取りだして培
養しつづけることができるようにした多能性幹細胞です。<u>理論上、</u>
<u>胎盤などの胚体外組織以外が多分化能を有しており、体外で無限に</u>
<u>増殖させることができます。</u>1981年にマウス、1998年にヒトで樹
立されました。なお、ここでいう「樹立」とは、「生体から分離し
た細胞や**遺伝子** → P.163 などになんらかの手を加えた細胞を安定的
に培養し、研究に利用できる状態にすること」という意味です。

<u>日本でヒトのES細胞を樹立するさいは、生殖補助医療で使用さ</u>
<u>れなくなった受精胚を用いること、受精胚の提供者から適切なイン</u>
<u>フォームド・コンセント → P.64 を取得すること、受精胚が無償で</u>
<u>提供されることなどが国の指針として定められています。</u>

ES細胞は、患者自身からつくることが技術的に困難であり、<u>ほ</u>
<u>かの人の受精卵からしかつくれないため、移植すると免疫の拒絶反</u>
<u>応がおきてしまうという問題があります。</u>そのため、拒絶反応を抑
える薬が必要です。

❷ **iPS細胞（人工多能性幹細胞）**

人間の皮膚などの体細胞に特定の遺伝子を導入して培養すること
により、受精卵のような状態に戻し、未分化な状態に人工的に逆も
どりさせた多能性幹細胞です。ES細胞と同等の能力をもっている
と考えられています。2006年にマウス、2007年にヒトで作製に成
功しました。<u>2012年には「iPS細胞」を発明した京都大学の山中伸</u>
<u>弥教授がノーベル生理学・医学賞を受賞しています。</u>

iPS細胞は、皮膚などの細胞に数種類の遺伝子を入れるなどして
比較的簡単に作製でき、全身のあらゆる細胞に変わるという特質が

あります。このことから、iPS細胞の登場以前から、移植する細胞のつくり方がわかっていた医療分野での研究が進んでいます。最も先行するのは、脳内で神経伝達物質ドーパミンをつくる細胞が減って体が思い通りに動かなくなるパーキンソン病です。また、光を感じ取る機能をもつ視細胞を保護し、視機能の維持に重要な役目を担う網膜色素上皮細胞の働きが低下したり脱落したりすることで、視機能が障害される網膜色素上皮不全症の治療や、脊髄損傷の患者にたいし、神経のもとになる細胞をつくって移植することで、運動機能の回復を図ることが期待されています。

その一方で、iPS細胞の作製は、現段階では膨大な費用や時間がかかり、実用化が困難な面があります。そのため、ほかの人のiPS細胞を使う流れが進んでいるのですが、これにより患者自身の細胞からつくられるために拒絶反応の心配がないという利点が薄れています。また、iPS細胞から作製した臓器に分化していないiPS細胞が含まれていると、その未分化なiPS細胞が腫瘍化（がん化）してしまうという問題があります。

第3章

再生医療で注目されている幹細胞は、iPS細胞だけではなかったのですね！ 再生医療の明るい未来に向けて胸がワクワクします。

◆ 再生医療の課題

たしかに期待に胸をおどらせる気持ちはわかるのですが、残念ながら、現段階ではさまざまな課題をかかえているのですよ。ここでは2つの課題を取りあげます。

❶ 倫理的な問題点

2021年3月に、ヒトの皮膚細胞や、ES細胞、iPS細胞から、胎児に

発育する前の段階である「胚盤胞」に似た細胞の塊を世界ではじめて作製したと、オーストラリアとアメリカの2つの研究チームがそれぞれ発表しました。今回は胚盤胞とは異なる細胞を含んでおり、子宮に入れても胎児にはならないものでしたが、より厳密につくることができれば胎児に成長するか調べる研究者が出てくるかもしれません。

　また7月には、九州大などの研究チームは、マウスのES細胞だけを使って、卵巣の中で卵子を形成し成熟させる組織である卵胞の作製に世界ではじめて成功し、そこから形成した卵子に人工授精した結果正常なマウスが生まれたと発表しました。そして9月には、京都大などの研究チームが、マウスのES細胞を受精後の未分化な胚から最も早くつくられる細胞の1つである始原生殖細胞に変化させ、マウスの体内から取り出した精巣の細胞と一緒に培養した結果精子幹細胞となり、別のマウスの精巣を薄く切った組織片の中で精子にまで成熟させることに成功したと発表しました。

　さらに2023年3月には、大阪大学や九州大学などのチームが雄のマウスのiPS細胞から卵子をつくって別の雄マウスの精子と受精させ、子どものマウスを誕生させることに成功しました。哺乳類の雄のiPS細胞から卵子を作製したのは世界初のことです。寿命がマウスよりはるかに長い人の卵子をつくるには、長期間にわたって培養する必要があり、異常が発生しやすいことから現段階では技術的なハードルが非常に高いとされています。ただ、理論上は男性同士や、ある男性の精子とその男性のiPS細胞からつくった卵子から子どもを誕生させることも可能になります。

　こうした受精卵にかかわる研究については、背骨や脊髄のもととなり、人間の形成が本格的に始まる起点とされる原始線条という筋が現れるのが受精後14日目ごろであることから、細胞の運命が決まるという意味をふまえて培養期間を受精後14日までとするルールが国際的に定着してきました。その一方で、胚の重要な変化は14日以降に起きることから、およそ28日までとされる間の変化を解明できれば、

ヒトの体が生じるしくみの理解が深まり、不妊や流産、遺伝性疾患の原因解明や治療法の開発につながる期待もあるのです。

　ルールの緩和を求める声が大きくなってきたことを受け、世界の研究者らでつくる国際幹細胞学会は2021年に倫理指針を改定し、14日を超えたヒトの受精卵の培養を解禁しました。ただし、学術団体や研究資金の提供者、規制当局は、科学的な意義や社会的、倫理的な問題について市民と対話することが不可欠であるとしています。

　今回の改定をふまえ、研究競争が世界的に激化するなかで、日本でも社会の受け止め方の変化や技術の進歩を踏まえた議論を早急に始める必要があるという声が上がっています。その一方で、日本において、培養期間を受精後14日までに制限するルールを盛り込んだ「基本的考え方」の策定に向け、科学者のほか、哲学者や宗教学者などを含む有識者が、3年間で計32回にわたる審議をへて決めたという経緯があり、今回の指針改定を拙速に追認することには批判的な声もあります。

　日本には生命倫理基本法のような包括的な法律がなく、ヒトの受精卵の位置づけは国や学会の指針で規定されていますが、国民の議論をふまえて法的位置づけを明確にすべきだという意見があります。なし崩し的に研究が広がることのないよう、ていねいな議論を積み重ね、社会全体の合意形成を図る必要があるといえるでしょう。

❷ 「iPS 細胞一極集中」の是正
「iPS細胞生みの親」とされる山中伸弥教授の存在もあり、国内では競うようにiPS細胞を使った治療や製品の研究が進められています。2021年3月には、他人由来のiPS細胞を網膜色素上皮細胞に変化させ、その細胞を含む液体を視力低下や視野の欠損をともなう「網膜色素変性症」の患者の目に注入して移植する手術に成功しました。また、2022年1月には、筋肉を動かす神経が徐々に侵され、全身の筋肉が動かなくなり歩行や呼吸、食事が困難になる筋萎縮性側索硬化症（ALS）

患者の脳に健康な人のiPS細胞からドーパミンを出す神経細胞を移植する治療を、当初の計画どおり7例に完了できたという報告がなされました。ただし、治験には年単位の時間を要するため、まだ国内ではiPS細胞による明確な効果が示された治療法の報告は存在していません。

　政府は、日本発の技術の実用化に向け、iPS細胞を中心とした再生医療に対して2013～22年度の10年間で約1,100億円の支援を続けてきました。なお2023年度以降は、政府は再生医療と遺伝子治療の研究を一体的に進めていく方針です。

　その一方で海外の動向を見てみますと、ES細胞のほうが細胞の遺伝子変異が少ないなど品質の安定性が高いため、ES細胞を使った研究が進んでおり、多くの知見が蓄積されている状況です。これにたいし日本では、iPS細胞と比べてES細胞の倫理面の問題ばかり強調されて研究が立ちゆかなくなっていたこともあり、ES細胞の研究では海外にくらべて後れを取ってきました。そのため、iPS細胞以外への投資も増やすべきだ、との意見が出てきています。

　また、医療応用に向けては、ほかの治療法にくらべて安全性でもコスト面でもすぐれている必要があるため、有効性が証明しやすく、実用化の見通しがあるものを選んで国が支援していくべきであるという意見もあります。世界の動向をみながら、iPS細胞がどんな疾患の治療に適しているのかを見きわめていくことが大切です。

　さらに、日本では企業が新たな生産設備への投資を敬遠して研究に参入することが少なく、臨床研究や治験のほとんどを大学の研究者らが主導しているため、大学の研究成果をいかせない状況が続いています。再生医療の発展には、研究機関や企業が連携を強め、基礎研究から実用化まで切れ目のない流れをつくる必要があることから、日本の企業や投資家に加え、海外の投資を呼び込む工夫や、海外製薬大手との連携を視野に入れることも課題となっています。

出題例の[解答・解説]

再生医療の課題と展望について、400字程度で述べなさい。

構想メモを書いてみよう！

安全性の担保 ● 医療として患者の安全をはかることが最優先

● 未分化なiPS細胞が腫瘍化（がん化）してしまうという問題
　➡徹底した事前確認と、ていねいに試験して使用する必要性

倫理的な問題点 ● 14日を超えたヒトの受精卵の培養

● なし崩し的に研究が広がることのないよう、ていねいな議論を積み重ね、社会全体の合意形成を図る必要がある
　➡国民の議論をふまえて法的位置づけを明確にすべき

「iPS細胞一極集中」の是正 ● 再生医療の総合力を高める

● 国のiPS細胞への偏重にたいする反発
　➡世界の動向をみながらiPS細胞がどんな疾患の治療に適しているのかを見きわめる
　➡日本の企業や投資家に加え、海外の投資を呼び込む工夫や、海外製薬大手との連携も視野に入れることも課題

> 再生医療技術を実用化していくうえで必要不可欠な、安全性の課題や倫理的問題について取りあげる。さらに、iPS細胞に頼ることばかりが最適解ではないことを主張し、有効性が証明しやすく、実用化の見通しがあるものを選んだ支援の必要性や、投資したくなるような臨床応用につながる研究の重要性について言及する。

第3章

● 第1段落

　再生医療技術を実用化するうえでの最大の課題はコストの低減である。どれほどすぐれた技術であっても、ばく大な費用がかかるのでは患者も治療にふみきれず、また商品化も難しい。

● 第2段落

　再生医療技術の中核をなすiPS細胞については、患者本人の細胞からiPS細胞をつくると費用がかさんでしまう。そのため、拒絶反応を起こしにくい特殊な白血球の型をもつ提供者のiPS細胞をそろえ、日本人の大半への移植に対応できる態勢を整えることが大切である。こうしたiPS細胞を臨床研究や臨床試験に用いれば、さらなる研究成果をあげることも可能となるだろう。

● 第3段落

　そして、細胞を使った細胞医療製品について少数の患者の臨床試験でも治療の安全性が確認されて効果が推定できたものであれば、積極的に製造や販売を認め、研究開発費を早期に回収できるしくみを整える必要がある。また、iPS細胞をさまざまな分野で活用できるよう、研究者と政府、企業が一丸となって投資を集中していくべきである。

(412字)

全体を通じた コメント

　再生医療技術を実用化するうえでコストの低減をはかることはたしかに大切なのだが、医療である以上、安全性の確立が優先されなくてはならない。文章全体を通じて、安全性についてまったく触れられていなかったのは残念であった。また、取りあげられている事例はいずれも現実に即したものだが、第2・3段落で問題点が露呈しており、手放しで推進すべき施策とはいいがたい。

　さらに、中盤以降はiPS細胞の話に特化されてしまっており、再生医療技術全体について言及できていない点も評価を落とす要因となっている。iPS細胞に全幅の信頼をおきすぎた答案であるといわざるをえない。

答案例へのコメント

➡❶：△　たしかに、コストの削減は実用化に向けて避けられないが、医療技術である以上、患者の安全を第一に考えた提案でなくてはならない。

➡❷：△　再生医療用のヒトのiPS細胞を備蓄するストック事業については、備蓄していたiPS細胞の一部を目的の細胞に分化させたさい、がん化に関連する遺伝子異常や染色体の異常が起きていたという問題が発覚し、現在ではまだ課題が大きい。

➡❸：✕　このしくみについては、効果にたいして議論が分かれるような治療薬が出回る危険性が指摘されている。ここでは、基礎的研究やデータ蓄積をきちんと行なって科学的根拠を大切にしていく必要性がある、という観点が欠落している。

➡❹：✕　結論がiPS細胞ありきであり、設問に答えきれていない。

神髄
⑲

経済原理を全面的に打ちだすのは危険きわまりない！

😊 合格点がもらえる答案例

● 安全性の担保

　まず、iPS細胞については、①作製した臓器に分化していない iPS細胞が含まれていると、その未分化なiPS細胞が腫瘍化してしまうという問題を克服していかなければならない。そのために、細胞の全ゲノム解析などで事前に異常がないかどうかも明確にするだけでなく、移植する分化細胞の段階でていねいに試験して使っていく必要がある。

● 倫理的な問題点

　②また、受精卵にかかわる研究については、倫理的な課題をふまえ、なし崩し的に研究が広がることのないよう、社会全体の合意形成を図る必要がある。③国民的な議論を呼びおこし、法的位置づけを明確にすべきだ。

●「iPS細胞一極集中」の是正

　さらに、④国からの支援がiPS細胞の研究だけにかたよることのないよう、世界の動向をみながらiPS細胞がどんな疾患の治療に適しているか見きわめ、有効性が証明しやすく、実用化の見通しがあるものを選んでいく必要がある。⑤再生医療の発展には、研究機関や企業が連携を強める必要があることから、日本の企業や投資家に加え、海外の投資を呼び込む工夫や、海外製薬大手との連携も視野に入れることも課題となる。

（430字）

全体を通じた コメント

　再生医療技術を実用化するうえで整備すべき課題と対策について、安全面、倫理面、資金面といった再生医療がかかえる問題点を網羅しながら説明できている。

　最初にiPS細胞の安全性の確保について言及し、つぎに倫理面の問題について、研究者だけでなく国民全体を巻き込んだ議論の重要性を指摘できている。そして、iPS細胞にかたよることなく、再生医療全体の発展につながる適切な支援と、研究資金確保のための具体策について示せている。

　なお、第2段落の倫理的な問題点については、なぜなし崩しに研究が進められてしまう危険性があるのかについて、もう少し字数を割いて説明するという手もある。その場合は、第3段落の内容を持続性の見込める投資環境の整備に絞って説明するとよいだろう。

答案例へのコメント

➡❶：◎　iPS細胞における技術面での最大の懸案事項である腫瘍化（しゅようか）について正しく理解できている。

➡❷：◎　再生医療の研究に大きく関係する、受精卵の取り扱いについて取りあげることができている。

➡❸：○　国会審議をつうじた世論の合意形成の必要性を示せている。

➡❹：◎　iPS細胞の実用化に向け、研究の進捗を見極めた適切な支援のあり方について示せている。

➡❺：◎　再生医療技術を実用化するうえで欠かせない、研究資金の確保の問題についても言及できている。

神髄20

安全性・倫理面・資金面の課題克服が実用化へのカギ！

遺伝子検査

「究極の個人情報」の光と影　　頻出ランク ★★★★☆

これがテーマの神髄だ!

★ 「DNA」「遺伝子」「ゲノム」とは?
- DNA　→ P.149：デオキシリボ核酸
- 遺伝子 → P.150：DNA の中で遺伝暗号をもっている部分
- ゲノム → P.150：ある生物がもつすべての DNA

★ 遺伝子検査の現状
❶ がんゲノム医療 → P.151 の遺伝子検査 → P.151 システム
　➡ 正常な細胞の遺伝子にも変異が見つかれば遺伝性がん → P.152
❷ 新型出生前診断 → P.152
　➡ 検査自体に流産のリスクがなく、高い精度を実現
❸ 民間の遺伝子検査
　➡ 体質のちがいや病気のかかりやすさの傾向をみる

★ 遺伝子検査の課題
❶ 遺伝情報による差別への懸念
　➡ 発病の不明確な確率によって人生が左右されるのは人権侵害
❷ カウンセリング → P.154 の重要性
　➡ 親族への影響や、予防できる可能性などについてのていねいな説明
　➡ 無理解にもとづく中絶を防ぐためにきわめて大切
❸ どこまで診断を認めるか
　➡ わかるのならば知りたいという要望にどこまで対応すべきか、どこで歯止めをかけるべきかを国民全体で議論する

テーマ 解説

実際の出題例を見てみよう！

➡解答・解説は p.157 〜

出題例

　遺伝子検査の運用に向けて重要な点について、400 字程度で述べなさい。

（愛媛大学・医学部／改）

◆ 「DNA」「遺伝子」「ゲノム」とは？

> カミオ先生、最近遺伝子検査が話題になっていますが、「遺伝子」ってDNAのことですか？
> イヤ待てよ、そもそも「DNA」ってなんでしたっけ？

　たしかに、「DNA」「遺伝子」という言葉は似たように使われるので意味のちがいがいまひとつ理解できていない場合も多いかと思いますので、しっかり確認しておきましょう。

　まずは、DNAから説明していきます。「DNA」とは、「デオキシリボ核酸」という物質のことです。DNAは、はしごをねじったような形をしており、細胞内の核の中にある染色体に折りたたまれるようにしてタンパク質とともに入っています。DNAは、塩基、糖の1つであるデオキシリボース、「リン酸」とよばれる化合物が一つずつ結合して最小単位になっており、この単位は「ヌクレオチド」といいます。このヌクレオチドがリン酸を媒介として多数つながり、ポリヌクレオチドをつくります。この、ポリヌクレオチド2本がヌクレオチドの塩基の部分で互いに結びつき、二重らせん状になるのです。

　なお、塩基には、アデニン（A）、グアニン（G）、シトシン（C）、チミン（T）の4種類があり、アデニンはチミンとのみ、グアニンは

シトシン（C）とのみ塩基対として水素結合によってつながります。そして、「どの塩基をもったヌクレオチドが、どんな順番で並んでいるか」が遺伝暗号になっているのです。DNAは精子と卵の中にも存在しており、受精をへて親の特徴が子へと遺伝していきます。

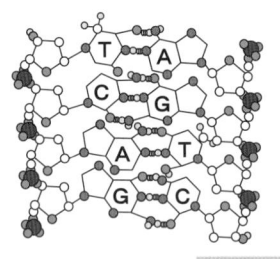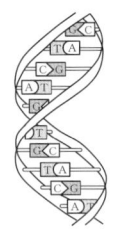

DNAの構造

　しかし、DNAを構成する塩基配列のすべてが遺伝情報を伝えるわけではありません。「遺伝子」とはDNAの中で遺伝暗号をもっている部分のことです。遺伝子の数は、人間では約2万500個あるとみられていますが、DNA全体では遺伝子のない部分のほうが圧倒的に多く、遺伝暗号の部分はわずか数％程度だと考えられています。

　さて、生物のからだを形づくる細胞では、タンパク質がおもにはたらいています。そのタンパク質の構造にかかわる暗号部分に大きくかかわってくるのが遺伝子なのです。

　塩基の水素結合がはずれると細胞の核の中でDNAの二重らせんがほどけ、その塩基配列が伝令RNA（mRNA）にコピーされます。伝令RNAは、核の外に運ばれて細胞質にあるリボソームにたどりつき、遺伝子から伝令RNAにコピーされた塩基配列に従ってタンパク質のアミノ酸配列に変換されます。そして、それぞれの遺伝子がもっている遺伝暗号に従ってアミノ酸が筋肉や酵素やホルモンなどのさまざまなタンパク質をつくりだして体内で作用するのです。

　さらに、ある生物がもつすべてのDNAのことを「ゲノム（ジーノーム：genome）」といいます。ゲノムとは、「遺伝子（gene）」と

「染色体（chromosome）」から合成された言葉です。ヒトの場合、核の中には22対の常染色体（全部で44本）と、1対の性染色体（女性はX染色体2本、男性はX染色体とY染色体1本ずつ）が入っています。このうちの1セット（22本の常染色体とXかYの性染色体）の中に入っているすべてのDNAは、ヒトのゲノム、すなわち「ヒトゲノム」とよばれます。ヒトの場合、ゲノムDNAの中には約30億もの塩基対が並んでおり、国際プロジェクト「ヒトゲノム計画」によって2003年にそれらの解読が完了しました。

そうそう、生物で教わった内容を思い出しました！　では、本題の遺伝子検査について教えてください。

◆ 遺伝子検査の現状

　代表的な遺伝子検査を3つ取りあげておくことにしますね。

❶　がんゲノム医療の遺伝子検査システム

　国内で1年間にがん（悪性腫瘍）と診断される患者は約100万人といわれていますが、そもそもがんは細胞の分裂と増殖にかかわる遺伝子に生じた変異が原因で起こる病気です。本来、臓器や組織が完成すると分裂と増殖が止まるはずの細胞が変異によって際限なく増殖してしまい、周囲の組織やほかの臓器に入り込んで体を衰弱させてしまうのです。ここで触れるゲノム医療とは、がんなどの患者の遺伝情報を利用し、患者の体質や病状に応じて提供される治療をさします。

　遺伝子に変異が起こる原因としては、放射線やたばこ、化学物質といった外的要因、加齢などの生きていく過程で生じた不可避な要因だけでなく、遺伝情報を伝えるための生殖細胞に含まれる遺伝子に変異があり生まれた時点で先天的に原因を有している場合もあります。

そして、生殖細胞に含まれる遺伝子に変異がある場合には、次の世代にその変異が遺伝してしまう可能性があるのです。なかでも、乳がんの約1割は遺伝性がんといわれており、がんの発生を抑制する「BRCA1」または「BRCA2」とよばれる遺伝子に生まれつき変異がある人は発症するリスクが高くなることがわかっています。ほかにも、遺伝性の卵巣がんや大腸がん、眼のがんである網膜芽細胞腫などが遺伝性がんとして知られており、遺伝性がんであるかどうかは、遺伝子検査によって判断できます。がんの細胞以外の正常な細胞中のDNAもあわせて検査し、正常な細胞の遺伝子にも変異が見つかれば遺伝性がんであると判断されるのです。

　現在は、手術、化学療法（抗がん剤治療）、放射線療法といった標準治療で結果が出なかった血液以外の固形がん患者や、標準的な治療法がない希少がんや小児がんなどの患者を対象として100種類以上の遺伝子を調べ、どの遺伝子に変異があるかを解析するがん遺伝子パネル検査に公的医療保険が適用されています。

❷　新型出生前診断
「出生前診断」とは、出生前に胎児の状態や疾患などの有無を調べておくことによって生まれてくる子の状態に合わせた最適な分娩方法や療育環境を検討することにおもな目的をおいて行なわれる検査のことです。その一つとして、母体の採血検査により、胎児の染色体の変化を調べる新型出生前診断（無侵襲的出生前遺伝学的検査：NIPT）があります。この検査は、母体の血液中に含まれている胎児のDNAを調べ、知的障害や発達遅滞を引き起こすダウン症候群の3種の染色体変化の有無を確認するものです。検査自体に流産のリスクがなく、高い精度を実現できています。ただし、診断の確定には、子宮内の羊水中に含まれる胎児の細胞を採取した羊水検査や、胎盤を形成する前の胎児由来の細胞である絨毛を採取した絨毛検査といった確定的検査が必要です。また、新型出生前診断を受けられるのは、出産予定日

の年齢が35歳以上の人や、過去に染色体異常のある子どもを妊娠した経験がある人などが原則ですが、2022年からは、検査に関するきめ細かな情報提供や検査前後の妊婦の選択を支援する遺伝カウンセリングの実施を条件に、胎児の病気に不安をもつ妊婦にたいする検査が年齢を問わず容認されるようになりました。

❸ 民間の遺伝子検査

遺伝子検査には、これまで取りあげたような医療目的の検査ではなく、事業者が医療機関を介さずに直接（Direct）消費者に向けて（To Consumer）行なう**DTC遺伝学的検査**というものもあります。

ヒトが保有する約30億の塩基対の中の配列には、個人間で1つの塩基が異なる「一塩基多型（**SNP**：スニップ）」があります。遺伝子領域に約100万個存在すると考えられており、体内でつくられる酵素やタンパク質の量や機能などにちがいを生みだすとされています。さらに、このちがいが、太りやすいなどといった体質のちがいや、生活習慣病 → P.194 など、ある特定の病気へのかかりやすさに関係しているとされ、DTC遺伝学的検査では、検査を希望する人の唾液や口内の粘膜などから遺伝子を調べることによって統計的な傾向をみられるのです。どんな病気にかかりやすいのかという傾向を知って、日ごろから適切な生活習慣を心がけたり、より個人に合った治療や投薬を展開できたりすると期待されています。

> 遺伝子検査の進化はすさまじいのですね。でも、これだけ急速な進歩を遂げているということは、いろいろ課題もありそうですね。

◆遺伝子検査の課題

以下、とくに検討すべき課題を3つ取りあげます。

❶ 遺伝差別にたいする懸念

遺伝子検査の結果により、遺伝性疾患の家系であることを理由として医療保険の加入を断られたり高い保険料を設定されたりする事態が発生しかねません。また、結婚を考えている相手や配偶者の遺伝子検査を自分の唾液だと偽って無断で行ない、その結果が婚約の破棄や離婚などにつながるおそれも指摘されています。遺伝情報は、基本的には生涯変わらないために「究極の個人情報」とよばれており、確実な保護が必要です。

遺伝子検査の結果、たとえ遺伝子突然変異 →P.163 が見つかったとしても全員が発病するわけではなく、またいつ発病するかもわからないという不明確な確率によって人生が左右されてしまうのは明らかな人権侵害であるといえるでしょう。

海外では、企業が遺伝子検査の結果にもとづいて従業員の採用や昇進を行なうことや、保険会社が遺伝子検査を要求したり利用したりすることなどを禁じている国があります。日本でも、遺伝情報による差別の防止を図ることを国や自治体の責務とし、医療機関や研究機関が守るべき指針を整備し、社会的な問題への適切な対応などを求める「ゲノム医療法」が2023年に成立しました。

ただし、法律を定めたとしても、実効性をどう担保していくかが課題です。また、民間での手軽な検査の解析精度が今後大きく向上してきた場合には、匿名や郵送による検査を禁止する対策もありえます。

❷ カウンセリングの重要性

遺伝子検査によって遺伝性がんであると診断された場合、患者だけでなく遺伝性がんを発症する遺伝子をもっているとみられる親族にも影響が及びます。このため、親族への影響や予防できる可能性などについて、ていねいな説明やカウンセリングを行なうことが不可欠です。

現在、最新の遺伝医学の知識と専門的なカウンセリング技術をもち、遺伝子検査の説明を必要としている患者や家族にたいして適切な

遺伝情報や社会の支援体制などの情報提供を行なえる「**認定遺伝カウ**
ンセラー」という公的な資格があります。ただし、まだ300人程度し
か存在しないため、今後は、その数を増やし患者や家族の不安や揺れ
る心に寄りそう職種として拡充されていくことが期待されています。
また、適切な遺伝子検査を実行するとともに、遺伝子に関係した問題
の解決を担う医師として認定される「**臨床遺伝専門医**」という資格
もあり、こちらは1,700名程度が認定を受けています。

　医療機関では、**日本医師会** → P.226 の下におかれた**日本医学会**など
の指針にもとづき、臨床遺伝専門医の資格をもつ医師や認定遺伝カウ
ンセラーらが遺伝子検査の前後に対面でカウンセリングすることに
なっていますが、民間における遺伝子検査の精度が今後上がってきた
場合には、民間の検査でも対応が求められてくるでしょう。

　一方新型出生前診断においては、無理解にもとづく**中絶**を防ぐた
めの遺伝カウンセリングを実施することを求めた日本産科婦人科学会
の指針にもとづかない、日本医学会が認証していない施設での検査の
増加が問題視されています。

　2022年、日本医学会は遺伝医療の専門医が常勤しているなど診断
の条件を満たした「基幹施設」として169の医療機関を認証し、条件
を満たせていないクリニックなどでも、研修を受けた産科医がいて基
幹施設と連携できる204の医療機関を「連携施設」として認証しまし
た。これにより認定施設数は3倍以上に増え、全都道府県に認証施設
が広がったのですが、無認証施設への罰則など直接的な対応はなされ
ていないため、安価で迅速に検査が受けられることを打ちだした無認
証施設をどの程度食い止められるかは不透明な状況です。

❸　どこまで診断を認めるか
　新型出生前診断では、ダウン症候群の3種の染色体変化の有無を確
認する検査のみが認められています。もともとは技術的な限界もあっ
たのですが、現在では染色体ごとの微小な欠失や重複などの染色体異

常を調べることまで可能となっています。そのため、無認可施設では「ほかの染色体異常もわかる」と宣伝し、料金を上乗せして検査を実施することで利用者を集めるという状況が起きています。しかし、たとえ遺伝子の変異がわかったとしてもほんとうに疾患につながるのかどうかが不明である場合も少なくなく、不安をあおって出産を断念する事態を誘発しかねないと危惧されています。

　その一方で、自身の妊娠や出産において、どのような選択をするかを自律的に決めるために、出生前診断により情報を入手する権利を認めるべきだとして、出生前診断を、女性に与えられた決定権である「性と生殖に関する健康・権利（リプロダクティブ・ヘルス／ライツ）」の一つとして位置づけるべきではないかという意見もあります。

　より優良と考える子孫を残そうとする思想は「命の選別」とされ、出生前診断は「生命の尊厳」に深くかかわる倫理的問題をはらんでいます。わかるのならば知りたいという要望にどこまで対応するのか、どこで歯止めをかけるべきかについて国民全体で議論し、線引きを判断していくことが求められています。

出 題 例 の ［解答・解説］

出 題 例 再録

　遺伝子検査の運用に向けて重要な点について、400字程度で述べなさい。

構想メモを書いてみよう！

**「究極の個人情報」
の保護** ◖ **遺伝情報の価値**

- 遺伝情報は、基本的には生涯変わらない
- 患者本人だけでなく家族にかかわる情報でもある

**「遺伝差別」は
人権侵害** ◖ **具体的な差別内容と問題である理由**

- 患者が医療保険の加入を断られたり、婚約破棄や離婚が起きたりする
  ➡ 不明確な確率によって人生が左右されてしまうのは、明らかな人権侵害

**実効性ある法律策定
の必要性** ◖ **情報漏洩や差別の防止策**

- 遺伝情報の悪用を抑止し、遺伝差別を禁止する実効性のある法律の策定
  ➡ 実効性を担う主体である関係団体もガイドラインの策定などに積極的に取り組むべき

　今回の答案では「遺伝差別にたいする懸念」を大きく取りあげたが、「カウンセリングの重要性」について主張するのもよい。その場合は、カウンセラーの育成や妊婦の意思を尊重するための医療者によるていねいな説明、さらには病気や障害があっても暮らしやすい社会の必要性について言及しておきたい。

😊 合格点まであと一歩の答案例

● 第1段落

遺伝子検査によって遺伝性がんであると診断された場合、患者だけでなく、遺伝性がんを発症する遺伝子をもっているとみられる親族にも影響が及ぶため、①すべての患者や親族にたいしてカウンセリングを行なうことが不可欠である。②そのためにも、臨床遺伝専門医の資格をもつ医師や認定遺伝カウンセラーを増やしていくことが喫緊の課題である。

● 第2段落

また、新型出生前診断においては、生まれてくる子どもの状態に合わせた最適な分娩方法や療育環境を検討したり、③必要に応じて胎児の異常を理由として中絶を勧めたりするような適切な遺伝カウンセリングも実施せず、④妊婦の不安をあおって出産を断念させるような無認可施設による遺伝子検査ビジネスが横行している。ダウン症候群の3種の染色体変化の有無を確認する検査のみを認定された施設だけで実施するという指針を厳守し、⑤「命の選別」につながるような遺伝子検査の拡大は断固食い止めるべきだ。

(388字)

全体を通じた コメント

　遺伝子検査における課題について正しく理解できている部分と、大きな誤りを含んでいる部分とが混在しており、結果としては高い評価を与えられない。臨床遺伝専門医の資格をもつ医師、または認定遺伝カウンセラーを増やしていくという提案や、無認可施設による遺伝子検査ビジネスが横行しているという実情が正しく把握できている点は評価に値する。ただし、患者や家族の不安や揺れる心に寄りそうことが求められるカウンセリングのあり方を大きく誤解しているため、減点は避けられない。また、立場や見方が分かれる論点にたいして自分の意見だけを絶対視するような書き方は理解の幅をせまく感じさせるため、好ましくない。

答案例へのコメント

→❶：✕　遺伝情報を知りたくないという人もいるため、知らずにいる権利の担保も重要な視点である。

→❷：◎　臨床遺伝専門医や認定遺伝カウンセラーといった専門資格について示せていて、知識の豊富さがみてとれる。

→❸：✕　胎児の異常を理由とする中絶は、日本の法律では認められていない。

→❹：✕　無認可施設による遺伝子検査ビジネスにおいては、出産を断念させるような意図は含まれていない。

→❺：✕　流産リスクのある羊水検査を回避するために、複数の大学病院などの研究チームが検査項目を広げる臨床研究を検討する動きもあり、ほかの見方にたいする配慮が見受けられない。

神髄
㉑

立場や見方が分かれる論点には、ていねいな説明が必要！

😊 合格点がもらえる答案例

•「究極の個人情報」の保護

　遺伝情報は基本的には生涯変わらないために「究極の個人情報」とよばれており、確実な保護が必要である。とくに医学的な遺伝子検査では、患者本人だけでなく家族まで遺伝性がんを発症する遺伝子をもっていることが判明する場合もあるため、「個人」だけの問題とも言いきれない。遺伝情報の漏洩や悪用は、広範囲に被害を及ぼす。

•「遺伝差別」は人権侵害

　また、遺伝性疾患の家系であるという理由から医療保険の加入を断られたり、婚約の破棄や離婚が起きたりするおそれもある。たとえ遺伝子突然変異が見つかったとしても全員が発病するわけではなく、またいつ発病するかもわからないという不明確な確率によって人生が左右されてしまうのは、明らかな人権侵害であろう。

• 実効性ある法律策定の必要性

　遺伝子検査の結果の厳重な管理や遺伝差別を防止していくためには、遺伝子情報の悪用を抑止し、遺伝子差別を禁止する実効性のある法律の策定が急務である。保険会社のような関係団体は、社会的な問題として極力議論を公開し、自主的なガイドラインの策定を急ぐべきだ。

(421字)

全体を通じた コメント

　遺伝子検査の課題として筆頭にあげられる遺伝差別にたいする懸念を中心に、遺伝子検査の結果が漏洩したり悪用されたりする問題点を具体的に説明できている。また、医学的な遺伝子検査の結果が家族の問題でもあることや、遺伝子検査の結果によって保険加入の拒絶や婚約解消といった具体的な被害を引きおこすことも示せている。

　これらの防止策として、実効性のある法律の策定や関係団体の取り組みの必要性を訴えている点も評価できる。与えられたテーマにたいして盛り込むべき内容がひと通りそろった答案に仕上がっているといえるだろう。

　ほかの対策としては、差別や偏見に結びつかない正しい認識を広げるために教育機会を確保することなども考えられるだろう。

答案例へのコメント

➡❶：○　提示された課題に向き合おうとする力強い書き出しとなっており、読み手をひきつけることに成功している。

➡❷：◎　医学的な遺伝子検査を例として、遺伝情報を特別に保護すべきだとする理由が明確に示せている。

➡❸：○　遺伝差別の深刻な被害が具体例によって示せている。

➡❹：◎　なぜ遺伝子検査の結果にもとづく差別が問題なのか、しっかり説明できている。

➡❺：◎　理念的な法律の策定にとどめることなく、実効性が見込める法律にすべきであると念押しできている。

➡❻：◎　国の責任だけでなく、実効性を担う主体である関係団体の責務についても指摘できている。

神髄
22

遺伝子検査の結果は、かけがえのない究極の個人情報！

テーマ 12

遺伝子治療

画期的な技術に寄せられる期待と懸念　　頻出ランク ★★★★★

これがテーマの神髄だ!

★ 遺伝子治療とは?

- **遺伝子治療** → P.163 ：疾病の治療を目的として、遺伝子、または遺伝子を導入した細胞をヒトの体内に投与すること
- **ベクター** → P.164 ：遺伝子を細胞内に入れるための運び屋

★ 遺伝子治療の歴史

- 世界初の遺伝子治療臨床研究は、1990 年にアメリカで実施
  - ➡ 死亡事故や白血病の発症が問題になったが、安全性を高める改良が進み、遺伝子治療の実用化と普及への道筋が再び開ける
  - ➡ 日本で「キムリア®」や「ゾルゲンスマ®」が承認。「コラテジェン®」が国内初の遺伝子治療薬として条件・期限つきで承認

★ 遺伝子治療の課題

❶ 「先駆け審査指定制度」→ P.167 ・「医薬品条件付早期承認制度」→ P.167 の運用。法制化によって、投資しやすい環境が整備された
  - ➡ プロセスの短縮は、安全性や透明性の確保を危うくしかねない

❷ 適切な規制と倫理教育
  - ➡ 審査体制の強化や自由診療 → P.169 での実施に規制を求める声
  - ➡ 科学的根拠が明らかでない治療は単なる人体実験に等しい

❸ ゲノム編集 → P.169 の可能性と課題
  - ➡ ゲノム編集を施した受精卵で出産させる研究は容認されない
  - ➡ どこまで許容すべきなのかを議論することが必要

テーマ ［解説］

実際の出題例を見てみよう！
➡解答・解説は p.171～

出題例

　ゲノム編集を遺伝子治療に用いるための研究について、自分の考えを 400 字程度で述べなさい。

（昭和大学・医学部／改）

◆ 遺伝子治療とは？

カミオ先生、テーマ11 に出てきた「遺伝子」に関連して、今回は遺伝子治療について教えてください。どういった病気にたいして、どのような技術によって施されるのですか？

　「遺伝子治療」とは、疾病の治療を目的として、生物の色や形などの特徴を伝える因子である遺伝子、またはその遺伝子が導入された細胞をヒトの体内に投与することをさします。病気の進行を抑制する効果がある遺伝子を患者の体内に送り込んだり、機能不全に陥っている細胞の遺伝子を操作したりして、がんや、ウイルスによる感染症 →P.16 などの病気を治療することが目的です。

　テーマ11 でも取りあげたとおり、それぞれの遺伝子がもっている遺伝暗号に従ってアミノ酸がつながって筋肉や酵素やホルモンなどのタンパク質をつくりだし、さまざまな生理作用を発揮して体を健康に保ちます。しかし、特定の遺伝子が欠損している場合には、機能不全のタンパク質や異常機能をもったタンパク質がつくられてしまう、量が不足してしまう、必要以上につくられてしまうなどの遺伝子疾患が発生してしまうのです。遺伝子突然変異が発症の要因になっているこのような疾患には、遺伝子治療を施して正常な遺伝子を補充すること

第3章

によって治療効果が見込めます。

　遺伝子治療の方法には、大きく分けて体内遺伝子治療（in vivo：イン・ビボ）と、体外遺伝子治療（ex vivo：エクス・ビボ）の2種類があります。体内遺伝子治療では、遺伝子を細胞内に入れるための運び屋であるベクターの一部分に治療用の遺伝子を組み込んで特定の臓器や組織に運搬し、標的となる細胞の核の中に導入します。一方、体外遺伝子治療では、患者の体内から取りだした細胞にベクターを用いて遺伝子を導入して、その細胞ごと体内に戻します。

おもな遺伝子治療用ベクター

● ウイルスベクター：ヒトの細胞に非常に強い感染力をもち、ヒトの細胞に自分の遺伝子を送り込む性質があるウイルスから病原性にかんする遺伝子を取り除き、目的の遺伝子を組み込んだもの。レトロウイルスベクター、アデノウイルスベクター、レンチウイルスベクターなど
● プラスミドベクター：「生命の設計図」とよばれる物質であるゲノムDNA（デオキシリボ核酸）とは別に存在するDNA分子

　「遺伝子疾患」というタイプの病気があるのですね。「ベクター」という言葉ははじめて知りました。遺伝子治療はいつごろから始まった治療法なのですか？

◆ 遺伝子治療の歴史

　世界初の遺伝子治療臨床研究は、1990年にアメリカで実施されました。この治療は、先天的な免疫不全症であるアデノシンデアミナーゼ（ADA）欠損症の患者を対象としたものです。

　ADA欠損症の治療では、細胞から取りだされたRNAに「逆転写酵素」という酵素を作用させてDNAを合成します。そのDNAができれ

ばRNAは不要になるため、分解処理されます。その後、新たにでき
たDNAと対になる相補的なDNAを合成することにより、正常な
ADA遺伝子がつくられるのです。こうしてできたADA遺伝子が先述
のレトロウイルスベクターによって運ばれ、患者の遺伝子に組み込ま
れます。日本でも、この治療は1995年にはじめて実施されました。

　しかし、1999年には、アメリカで重大な事態が起きてしまいます。
オルニチントランスカルバミラーゼ（OTC）という、肝臓内で作用
する酵素の遺伝子が欠損しているためにアンモニアが尿素に変換され
ず高アンモニア血症になってしまう患者にたいして行なった治療の事
故でした。正常なOTC遺伝子を組み込んだ風邪のウイルスを用いた
アデノウイルスベクターを肝動脈内に投与したところ、患者が全身性
の過剰な炎症応答を引き起こし、多臓器不全で死亡してしまったの
です。さらに、2002年には、フランスでも大変な事態が報告されま
した。免疫系遺伝子の先天的欠損でリンパ球が十分につくれないため
に重症のウイルス感染症を起こしやすいX連鎖複合免疫不全症患者
の造血幹細胞にたいしてレトロウイルスベクターを用い正常な遺伝子
を導入する治療において、白血病が発症してしまったのです。レトロ
ウイルスベクターによって遺伝子が組み込まれる場所は予測すること
ができません。この事例では、特定のがん関連遺伝子の近くにレトロ
ウイルスベクターの遺伝子が挿入されたことによってがん関連遺伝子
が活性化され、細胞が腫瘍化し増殖してしまいました。

　こうした有害事象の発生によって、日本国内では遺伝子治療の自
粛が進みました。一方、海外では、臨床研究が続けられた結果、遺伝
子治療の有効性を示す報告が積みあがり、ウイルスの安全性を高める
改良も進んで、遺伝子治療の実用化と普及への道筋が再び開けまし
た。2015年には、アメリカとヨーロッパではじめて、遺伝子が正常
細胞に感染しないよう改変が施され、特定のがん細胞のみに感染して
殺傷するウイルスである腫瘍溶解性ウイルスが承認されました。

　2017年には、アメリカでCAR-T細胞（カーティー細胞：キメラ抗

原受容体発現T細胞）療法である「キムリア®」が承認されました。これは、患者の血液から採取した免疫細胞であるT細胞に、先述のレンチウイルスベクターを使って遺伝子改変を行ない、特定のがん細胞への攻撃力を高めてから体内に戻すという遺伝子治療法です。日本では、血液細胞のがん患者と、リンパ腫の再発患者および難治性の患者を対象として2019年に承認されました。

　2019年には、アメリカで「ゾルゲンスマ®」が承認されました。これは、異常な遺伝子が原因で運動神経を維持するタンパク質がつくられず神経細胞が通常とは異なる性質になり（＝変性し）筋力の低下や萎縮をもたらすという脊髄性筋萎縮症（SMA）にたいし、病原性がなくて効率よく遺伝子導入することができ遺伝子発現が長期間持続するアデノ随伴ウイルスに正常な遺伝子を組み込み、静脈注射で投与して運動機能の回復をめざすという方法です。日本では、2歳未満の患者限定で2020年に承認されました。

　さらに、2019年には、国内初の遺伝子治療薬として「コラテジェン®」が条件・期限つきで承認されました。これは、おもに閉塞性動脈硬化症の患者と、バージャー病（ビュルガー病）などの慢性動脈閉塞症の患者にたいして施されます。閉塞性動脈硬化症は、下肢の動脈に動脈硬化が起き、足を流れる血液が不足して痛みをともなう歩行障害になる病気です。また、慢性動脈閉塞症は、手足の動脈が閉塞して血液が供給されないために虚血症状が発生し、潰瘍が形成される病気です。「コラテジェン®」では、肝臓の細胞を増やすタンパク質であり血管の再生作用があるヒトHGF（肝細胞増殖因子）の遺伝子を、先述のプラスミドベクターに組み込み、これを患部の筋肉に注射することによって筋肉の細胞内でHGFをつくらせて、虚血状態を改善させます。

最先端の医療が普及するには大変な道のりがあるのですね……　テーマ11 に出てきた「遺伝子検査」と同じように、遺伝子治療にもやはりいろいろな課題があるのですか?

◆ 遺伝子治療の課題

❶ 「先駆け審査指定制度」「医薬品条件付早期承認制度」の運用

　2015年に、厚生労働省は、画期的な医薬品を承認するまでの期間を大幅に短縮させる先駆け審査指定制度を創設しました。これは、命にかかわる病気や根治療法がない病気を対象として、既存の薬とは異なる製品を承認するしくみです。世界に先駆けて日本で開発され、早期の臨床試験(治験)段階できわめて高い効果が見込まれる製品が指定を受けます。対象に指定されると、審査機関である医薬品医療機器総合機構(PMDA)とのあいだで行なう事前相談が優先的に受けられます。この制度によって、相談の期間が1か月、承認のための審査期間の目標が6か月と、従来の半分に短縮されるので、臨床試験を効率よく進めることができるようになりました。

　医薬品が完成するまでには、基礎研究や臨床試験などをへて国の承認を得なければならず、多くの年数や多額の費用が必要となります。日本では生命科学分野の基礎研究は強いものの実用化に結びつきにくいという状況と、新薬が開発されてから承認されるまでの時間差を示すドラッグ・ラグ(新薬承認の遅延)が他国にくらべて長いという状況がかねて問題視されてきました。製品化までの期間が短くなれば、特許をもとに独占的に販売できる期間が長くなって企業の利益もより多く確保されるため、新薬の開発意欲を刺激し、医療産業の国際競争力を高めると期待されます。また、複数の国で臨床試験を同時に行なうケースが増えていることから、日本で最初に申請されることも期待できます。2017年からは、重篤で有効な治療法がない疾患にたいす

る医薬品を対象として、患者数が少ないなどの理由で臨床試験が困難だったり実施に長期間かかったりする場合に早期の実用化をめざす医薬品条件付早期承認制度が導入されました。近年では、乳がんの進展にかかわる糖タンパクであるHER2陽性で手術不能または再発乳がんにたいする「エンハーツ」、筋肉を丈夫に保つために重要な役割を持つ「ジストロフィン」というタンパク質の設計図となる「ジストロフィン遺伝子」の欠失が確認されているデュシェンヌ型筋ジストロフィーにたいする「ビルテプソ」、切除不能な局所進行又は局所再発の頭頸部がんにたいする「アキャルックス」などが同制度の対象となっています。

　本来、医薬品の用法や用量等を設定するためには、多数の患者に医薬品を投与し、有効性や安全性を検討することが必要です。しかし、患者数が少ない疾患では、多数の患者に投与するためには長い期間がかかります。こうした事態を改善すべく、有効性や安全性が一定程度確認されれば製造・販売後に有効性や安全性を再確認するために必要な研究や調査を行なうことを条件として、早期承認するしくみを整えたのです。この条件付承認を受けた場合には使用の成績にかんする資料等の提出が必要とされ、品質や有効性、安全性等の調査が行なわれます。その調査結果によって、国は条件の変更や必要な措置をとることができるとされています。これらのしくみは両方とも、2019年に「医薬品、医療機器等の品質、有効性及び安全性の確保等に関する法律」（薬機法）が改正されたことにより法制化されました。それまでは、厚生労働省が制度の実施を各都道府県に通知する流れであり、変更や撤回の可能性も十分見込まれたのですが、法制化によって制度の恒久化につながるため、投資しやすい環境が整備されたといえます。

　しかし、承認プロセスの短縮化は、安全性の確保を危うくしかねません。適用条件や判断プロセスを明確にして透明性を高めていくことが大切です。

❷ 適切な規制と倫理教育

2014年には、危険な再生医療 →P.135 が安易に実施されることを防止するため、「再生医療等の安全性の確保等に関する法律」が施行されました。この法律では、遺伝子治療は、最もリスクが高いとされる「第一種再生医療等技術」に分類されています。これにより、遺伝子治療にかかわる施設は、第三者機関の審査をへて国に届け出ることが必要となりました。しかし、薬機法上の承認を得ていない製品を用いた遺伝子治療は医師の裁量で進められる自由診療として施せるため、安全性や効果が不透明な遺伝子治療も依然として横行しているのです。医師にはどのような医療行為を行なうかについて広い裁量権が認められているため、医師が競争心や利益追求のためにほぼ効果がない治療を行なったとしても法律違反には問われません。

患者は、医療の専門家ではないことに加え、治療の選択肢が少ない状態にあることから、公的医療保険が適用されない自由診療により自身や家族に効果があると信じ込まされて高額請求されるというトラブルも起きています。この状況にたいして、審査体制の強化や自由診療での実施になんらかの規制を求めるべきだという声があります。

研究者や医師には、人として守り行なうべき倫理教育の強化も不可欠です。科学的根拠が明らかでない治療を患者に試すことは、単なる人体実験と同じです。たとえ患者から頼まれたとしても、不確かな医学研究によって多くの患者に深刻な被害を与える危険性もあるのです。研究者や医師個人だけでなく、研究機関にも適正な手続きにもとづいて研究が行なわれているかを監視する責任があります。

❸ ゲノム編集の可能性と課題

特定の遺伝子を切断して機能を失わせたり、外来の遺伝子を組み入れて新たな機能をもたせたりするゲノム編集の技術が急速に進化しています。現在は、遺伝情報のありかを検索するガイドRNAと、DNAを切断するハサミ役の酵素であるキャスナインを細胞の核に注入して

遺伝子のはたらきを抑制したり遺伝子情報を書き換えたりするクリスパー・キャスナイン（CRISPR-Cas9）が広く活用されています。これは、細菌の中にウイルスが侵入した場合にウイルスの遺伝子を自分の遺伝子の中に取り込んで記憶し、同じウイルスが再侵入した場合にはそのウイルス遺伝子を認識して切断するという、免疫のはたらきを応用した技術です。2020年に、この手法を開発した2人にノーベル化学賞が授与されました。近年は、体外に取りだした血液などの細胞を遺伝子操作してから体内に戻し血液の病気やがんの治療をめざす臨床試験が進められており、ゲノム編集は、遺伝子突然変異が原因で起きる病気の根本的な治療法として期待されています。

　しかし、多くの課題や問題点も指摘されています。2018年には、ゲノム編集技術で、エイズウイルスが感染しないよう遺伝子操作されたヒトの受精卵から双子を含む子ども3人を誕生させたという中国人研究者の発表があり、実際に双子の存在を確認した中国政府が、研究者に実刑判決と罰金の判決を言い渡す事件が起きました。これを受け、世界保健機関（WHO）は、生まれる子どもに健康被害が出たり想定しえない影響が子孫に受け継がれたりするおそれがあるとして、ゲノム編集を施した受精卵で出産させる研究を容認しないという方針を決定しました。日本では、ゲノム編集を使った受精卵の基礎研究は一部容認されている一方、臨床研究は国の指針として禁止されています。

　また、標的としない部位を改変してしまうオフターゲット効果や、標的となる部位でも塩基配列の欠落や挿入が起きてしまうという技術的な課題もあります。さらには、親や国家が望むような能力や容姿をもったデザイナーベビーや、筋力や持久力の向上につながる遺伝子ドーピングへの懸念もあります。加えて、どの世代まで副作用などの影響をみれば安全を確認できるかが不明であるため、目の前の患者を救うという従来の医療の考え方が成立しない点にも問題があります。現時点でこのような数々の課題をかかえるゲノム編集をどこまで許容すべきなのかについて世界的に議論を深めることが必要です。

出題例の[解答・解説]

出題例 再録

　ゲノム編集を遺伝子治療に用いるための研究について、自分の考えを400字程度で述べなさい。

構想メモを書いてみよう！

ゲノム編集技術の進化 ● 遺伝子治療の新技術

- 遺伝子突然変異が原因で起きる病気の根本的な治療法として研究を進めていくべきである

技術的な課題 ● 安全で効果のある治療をめざす

- 標的としない部位を改変してしまうオフターゲット効果や、標的となる部位でも塩基配列の欠落や挿入が発生
  ➡ より安全な技術開発を、官民一体で支援していくべきである

倫理的な問題 ● ゲノム編集をどこまで許容すべきか

- デザイナーベビーや遺伝子ドーピングへの応用
- 目の前の患者を救うという従来の医療の考え方が成立しない
  ➡ 日本国内のみならず、世界的に議論を深める必要がある

　「ゲノム研究についての自分の考え」を述べる問題なので、問題点や課題だけを指摘する必要はない。しかし、ゲノム研究を過剰に持ちあげるのも考えものである。新たな技術にあまりに前のめりとなることは、医療に携わろうとする者としての危うさを感じさせる。一方、最先端医療技術の進展にたいして後ろ向きすぎてもいけない。この出題では、遺伝子を扱う分野には付きものといえる倫理面の課題について取りあげるのが妥当である。

第1段落

①ゲノム編集技術で、エイズウイルスが感染しないようヒトの受精卵に遺伝子操作を行なって子どもを誕生させた研究者が存在する。②こうした研究は、生まれる子どもに健康被害が出たり、想定しえない影響が子孫に受け継がれたりするおそれがあることから、ゲノム編集を施した受精卵で出産させる研究は全面的に禁止すべきである。

第2段落

③また、医師にはどのような医療行為を行なうかについて広い裁量権が認められているため、利益追求のためにほぼ効果がない治療をした場合において、法的責任が追及されない点も問題である。④ゲノム編集を遺伝子治療に用いるための研究につながるような自由診療には、厳しい規制をかけるべきである。

第3段落

⑤かつてアメリカでは遺伝子治療において患者が死亡する事態が発生し、フランスでも白血病になった事例が報告されている。⑥遺伝情報を人為的に書き換えることは人間の尊厳に直結する問題でもあり、安全面でも倫理面でも問題の多い研究をこれ以上推し進めるべきではない。

(409字)

全体を通じた コメント

　この答案は、書かれている内容自体に大きな誤りはなく、とくに第1段落の内容はかなり完成度が高い。文系学部であれば「合格点がもらえる答案例」として評価される場合もあるのではないだろうか。

　しかし、答案全体を通じて、医療の発展にたいしてあまりにも保守的である。そのため、医学部入試の答案としては高い評価につながらない可能性がある。

　たしかに、ゲノム編集のような最先端医療技術には多くの課題もあるが、遺伝子突然変異が原因で起きる病気の根本的な治療法になるという期待があるからこそ、世界の研究者によって取り組まれているのである。新薬が使える日を祈るような気持ちで待っている患者や家族に思いをはせつつ、言い回しにも気をつかう必要がある。

答案例へのコメント

➡**❶**：◎　このようなゲノム研究において大きな問題となった事例を適切に引用できている。

➡**❷**：◎　「ゲノム編集を施した受精卵で出産させる研究は全面的に禁止すべきである」という主張は、異論なく受け入れられる。

➡**❸**：△　ゲノム編集を遺伝子治療に用いるための研究についての記述としては、関連性がやや弱い。

➡**❹**：△　具体的な規制内容や実効性が読み手に伝わりにくい。

➡**❺**：○　遺伝子治療の研究が停滞した事例を適切に引用している。

➡**❻**：✕　「これ以上推し進めるべきではない」は言いすぎであり、読み手の気持ちを遠ざけてしまう。

神髄 23

患者や家族の存在を意識した言い回しを心がけよう！

• ゲノム編集技術の進化

❶現在、特定の遺伝子を切断して機能を失わせたり、外来の遺伝子を組み入れて新たな機能をもたせたりするゲノム編集の技術が急速に進化している。❷臨床試験も進められており、遺伝子突然変異が原因で起きる病気の根本的な治療法として研究を進めていくべきである。

• 技術的な課題

ただし、ゲノム編集には多くの課題もある。❸まず、標的としない部位まで改変してしまうオフターゲット効果や、標的となる部位でも塩基配列の欠落や挿入が起きてしまうといった技術的な問題である。❹そのため、より安全な技術開発を官民一体で支援していくべきである。

• 倫理的な問題

❺さらに、親や国家が望む能力や容姿をもったデザイナーベビーや、筋力や持久力の向上につながる遺伝子ドーピングへの応用も懸念されており、人類の進化に影響を与えかねない。そして、❻目の前の患者を救うという従来の医療の考え方が成立しない点も問題であり、ゲノム編集をどこまで許容すべきなのかについて、日本国内のみならず世界的に議論を深める必要がある。

(410字)

全体を通じた コメント

　ゲノム編集の技術の概要とゲノム編集に寄せられる期待を第1段落にまとめ、ゲノム編集にかんする課題を第2・3段落で具体的に盛り込んでいる。「オフターゲット効果」「デザイナーベビー」「遺伝子ドーピング」などの専門用語も適切に使えており、確実に高評価が与えられる答案となっている。

　ゲノム編集は、人類のあり方を揺るがす技術でもあることから、研究者や医師に全権委任されるべき領域とはいえない。最終文で触れられているとおり、まずは侵すことの許されない「聖域」を国際社会全体で定め、そのうえでどこまで許容されるのかについて、未来を見据えた議論を着実に積み重ねていくべきである。

答案例へのコメント

➡❶：○　このような研究の中からとくにゲノム編集の技術について取りあげるという姿勢を、最初にしっかり打ちだせている。

➡❷：◎　ゲノム編集の技術自体にたいする肯定的な基本姿勢を示せている。

➡❸：◎　「オフターゲット効果」という用語をあげながら、技術的な課題が指摘できている。

➡❹：◎　安全な技術開発の必要性について述べられている。実際、安全性が高く、広範囲に遺伝子の削除や挿入ができる「クリスパー・キャスナイン」が開発され、期待が寄せられている。

➡❺：◎　「デザイナーベビー」「遺伝子ドーピング」という専門用語を用いながら、倫理的な課題を指摘できている。

➡❻：○　倫理的課題を人類の問題として議論する必要性が示せている。

神髄
24
倫理的な課題を克服して医療の進歩につなごう！

少子化と高齢化

少子化を少しでも食い止めるには？　　頻出ランク ★★★★☆

⚡これがテーマの神髄だ！

★ 「少子化」とは？　「高齢化」とは？

- 少子化 →P.177：出生率の低下 →P.177 により、若年者人口が減少する現象

- 高齢化 →P.177：人口に占める高齢者の割合が増加する現象
  ➡少子化と高齢化の同時進行が少子高齢化 →P.177

★ 少子高齢化の問題点

❶ 労働力が不足し、経済規模が縮小する →P.179

❷ 財政悪化を招き、現役世代の負担が増大する →P.179

★ 高齢化と少子化が進む理由

- 高齢化：医学や医療の発達による全体的な死亡率の減少 →P.180

- 少子化：結婚や出産にたいする価値観の変化・仕事と出産・育児を両立しにくい社会
  ➡非婚化 →P.182 や晩婚化 →P.182、出産数の減少

★ 少子化対策の課題

❶ 外国人労働者の受け入れ推進
  ➡ともに生きていく大切な存在として迎え入れる

❷ 子どもを産んで育てたいと自然に思える環境整備
  ➡政府の施策を中心に、企業や地域、家庭が協力して仕事と出産・育児の両立をはかっていくことが必要不可欠 →P.184

テーマ ［解説］

実際の出題例を見てみよう！

➡解答・解説は p.185 〜

出題例

少子化についての問題点を整理したうえで、あなたの考える対策案を 400 字程度で書きなさい。

(国際医療福祉大学・医学部／改)

◆「少子化」とは？ 「高齢化」とは？

> カミオ先生、少子高齢化が社会的な問題になっているのは知っているのですが、具体的にはどういった状態のことをいうのですか？

「少子高齢化」とは、人口に占める高齢者の割合が増加する高齢化と、出生率の低下により若年者人口が減少する少子化が同時に進行することをさします。少子高齢化がどのように進展しているかは、次のページのグラフで確認してみましょう。

2022年10月1日時点での総人口は1億2,497万7千人です。そのうち、65歳以上の高齢者の人口は3,623万6千人で全体の29.0％を占めて過去最高になっているのにたいし、15歳未満の人口は1,450万3千人で全体の11.6％と過去最低になっています。また、2022年の出生数は過去最少の79万9728人で、統計を取り始めた1899年以降はじめて80万人を割ってしまいました。

さらに、2070年時点における人口予測として、少子化の影響から総人口は約8,700万人まで減少すると推計されています。このうち、15歳未満の人口はわずか約797万人しかいないのにたいし、65歳以上の高齢者は約3,367万人と見込まれており、65歳以上の人口が総人口

に占める割合が4割近くとなる超高齢社会になるとみられているのです。

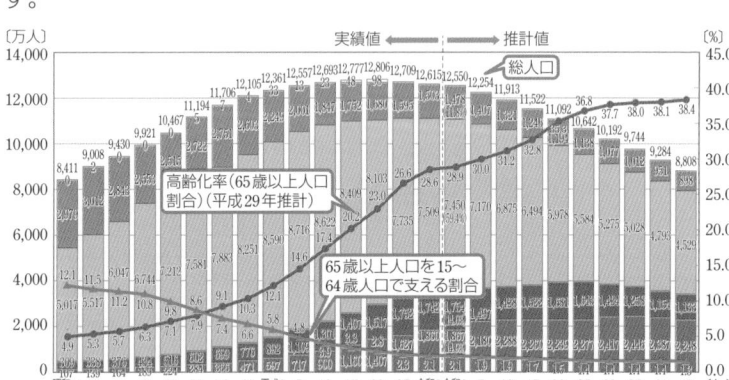

資料：棒グラフと実線の高齢化率については、2020年までは総務省「国勢調査」（2015年及び2020年は不詳補完値による）、2021年は総務省「人口推計」（令和3年10月1日現在（令和2年国勢調査を基準とする推計値））、2025年以降は国立社会保障・人口問題研究所「日本の将来推計人口（平成29年推計）」の出生中位・死亡中位仮定による推計結果

(注1) 2015年及び2020年の年齢階級別人口は不詳補完値によるため、年齢不詳は存在しない。2021年の年齢階級別人口は、総務省統計局「令和2年国勢調査」（不詳補完値）の人口に基づいて算出されていることから、年齢不詳は存在しない。2025年以降の年齢階級別人口は、総務省統計局「平成27年国勢調査　年齢・国籍不詳をあん分した人口（参考表）」による年齢不詳をあん分した人口に基づいて算出されていることから、年齢不詳は存在しない。なお、1950〜2010年の高齢化率の算出には分母から年齢不詳を除いている。ただし、1950年及び1955年において割合を算出する際には、（注2）における沖縄県の一部の人口を不詳には含めないものとする。

(注2) 沖縄県の昭和25年70歳以上の外国人136人（男55人、女81人）及び昭和30年70歳以上23,328人（男8,090人、女15,238人）は65〜74歳、75歳以上の人口から除き、不詳に含めている。

(注3) 将来人口推計とは、基準時点までに得られた人口学的データに基づき、それまでの傾向、趨勢を将来に向けて投影するものである。基準時点以降の構造的な変化等により、推計以降に得られる実績や新たな将来推計との間には乖離が生じ得るものであり、将来推計人口はこのような実績等を踏まえて定期的に見直すこととしている。

(注4) 四捨五入の関係で、足し合わせても100.0%にならない場合がある。

出典：「令和4年版高齢社会白書」
https://www.8.cao.go.jp/kourei/whitepaper/w-2022/html/zenbun/s1_1_1.html

高齢化の推移と将来推計

もうすっかり人口減少社会に突入しているのですね……　少子化と高齢化が進むと、どのような問題が起きるのでしょうか？

◆ 少子高齢化の問題点

　まず、「労働力が不足し、<u>経済規模が縮小する</u>」という問題があります。経済活動の担い手である15歳から64歳までの生産年齢人口は、2015年の7,735万人から2065年には4,529万人へと減少し、総人口に占める生産年齢人口の割合も約61％から約51％に低下して、労働力が不足すると見込まれています。

　こうした労働力不足を補うために、<u>1人あたりの長時間労働が深刻化すると、仕事と家庭を両立させるワーク・ライフ・バランスが改善されず、結果として少子化がますます進行していく</u>という悪循環が生まれる危険性も高まります。さらに、国内の人口自体が減少していくことによって国内の消費力が落ち込むと、海外展開を行なっていない企業を中心に売上や利益が減少し、成長力も低下していってしまうでしょう。

　こうした人口構成の変化が経済にとってマイナスに作用する状態を「人口オーナス」ということをおさえておいてください。「オーナス」とは、「重荷；負担」という意味です。

　もう一つ、「<u>財政悪化を招き、現役世代の負担が増大する</u>」という問題があげられます。高齢者1人にたいして現役世代である生産年齢人口が何人で支えていくかという視点でみてみると、2065年には、65歳以上の者1人にたいして1.3人の現役世代という比率になると見込まれています。このように、高齢者と、高齢者を支える現役世代の人口が1対1に近づいた社会を「肩車社会」ということも知っておいてください。

　肩車社会の到来によって、現役世代から徴収した保険料をもとに高齢者を支える年金制度の維持が困難になることや、医療・介護費を中心とする社会保障関係費が増大していくにもかかわらず負担する人は減っていくというアンバランスがいっそう強まっていくと考えられます。

　こうした差を埋めるために、国が投資家からお金を借りるかたちで

資金を調達する国債を発行して問題を先送りにすることもありえますが、貯蓄が減少した国内の家庭や企業で消化しきれなくなった国債を海外に依存するようになった場合、利子の負担や取り立てなどの財政破たんリスクが急速に高まることも考えられます。一方で、高齢者の負担増加で解消していくのであれば、老後の生活がおびやかされることになってしまいます。

労働力不足や財政悪化……　なんだか、少子高齢化をうらみたくなってきます。
どうして高齢化が進んできたのでしょうか？

◆ 高齢化と少子化が進む理由

　じつは、高齢化の進展は、65歳未満で亡くなる人が減り平均寿命→P.191 が延びたことのあらわれでもあるのです。

　この平均寿命の延びに大きく貢献しているのが医学や医療の発達です。治療に必要な医療施設や医療保険制度の整備、予防に必要な健康診断（健診）や検診 →P.194 の充実によって多くの人が適切な治療を受けやすくなり、高齢者の死亡率だけではなく乳幼児や若年層の死亡率も減少しました。つまり、個人単位でみれば高齢化自体はじつに喜ばしいことなのですね！

　一方、社会全体として高齢化が進んでいる理由としては、第二次世界大戦直後の1947 〜 49年に生まれた第一次ベビーブーム世代の人口がきわめて多く、この世代が高齢化したことによって高齢者の割合が高くなったという背景もあります。この世代は「団塊の世代」とよばれます。また、この世代の子ども世代にあたる1971 〜 74年に生まれた第二次ベビーブーム世代（団塊ジュニア世代）の人口も多いため、今後も高齢化は続いていくとみられています。

たしかに、長生きできるようになったこと自体はうれしいことですよね。では、どうして少子化も進んでいるのでしょう？

　まず、結婚や出産にたいする価値観の変化が大きいといえるでしょう。日本の場合、伝統的に結婚や出産にたいする社会的な評価が高かったことや、役所への届出だけで婚姻が成立するという自由な結婚制度であることから、かつては結婚するのが当たり前、女性は結婚して出産し、育児に専念するのが役割であり幸せだという価値観が根づいていました。

　しかし、1985年に男女雇用機会均等法が成立して男女平等の考え方が徐々に浸透して女性の社会的な活躍の場が広がってきたことによって、一生愛していける人とめぐり会えるまでは結婚しなくてもいいのではないか、たとえ結婚したとしても仕事を続けることを優先して子どもを産まず生涯のパートナーとして連れそっていけばいいのではないか、という考え方が受け入れられるようになったのです。結婚後、子どもをもたずに、夫婦とも職業活動に従事するライフスタイルのことを「DINKs（ディンクス：Double Income No Kids）」といい、こうした夫婦のあり方も増えています。こうした変化は、個人の多様な価値観を尊重する社会が少しずつ実現されてきたことのあらわれであり、問題視することは不適切であるといっていいでしょう。

　ただし、その一方で、仕事と出産・育児を両立させたいと考えている女性もいることはたしかで、そうした女性が次のような理由で出産を思いとどまってしまうという現状もあります。こちらは、社会全体として対策を考えなければなりません。

❶ 経済的な安定性や将来の見通しが立たず、出産時に仕事を休むことによって収入が途絶えることを恐れる
❷ 非正規雇用などで育児休業が利用できない
❸ 出産・育児がいち段落したあとに仕事に戻ろうとしても再就職や復職が容易でない
❹ 職場に復帰したとしても、社会や家庭の子育て支援体制が十分ではない

　以上の理由から、結婚をしない非婚化や、結婚の年齢が遅くなる晩婚化、結婚している女性の中でも出産しない女性の増加、さらには、たとえ出産したとしてもその人数が減少することなどが、少子化につながってきたといえます。実際、総務省「国勢調査」によると、25〜29歳の女性の未婚率は、1990年の40.4％から2020年には65.8％に、30〜34歳の女性の未婚率も13.9％から38.5％とそれぞれ25％程度増加しています。また、「令和4年版少子化社会対策白書」によると、平均初婚年齢は、2020年で夫が31.0歳、妻が29.4歳となっており、1985年と比較すると夫は2.8歳、妻は3.9歳上昇しています。そして、2020年における第1子出生時の母親の平均年齢は30.7歳となっており、1985年と比較すると4.0歳上昇しているのです。

　さらに、母体年齢が35歳ごろになると出産率は減少傾向を示し、39歳ごろを超えてくると急激に出産率が低下して流産率が上回るといわれています。このことから、晩婚化により、それだけ出産の可能性も低くなるといえます。

　そのため、結婚持続期間が15〜19年の初婚どうしの夫婦がもうける子どもの平均出生数である夫婦の完結出生児数をみても、2002年までは2.2人前後で安定的に推移していたのですが、2015年には1.94人と過去最低になっています。

◆ 少子化対策の課題

　2030年代に入ると日本の若年人口は現在の倍のスピードで急減していくことから、政府は2030年代に入るまでが少子化傾向を反転させるラストチャンスであると位置づけています。2023年3月には、少子化対策のたたき台となる「こども・子育て政策の強化について（試案）〜次元の異なる少子化対策の実現に向けて〜」を公表し、こども・子育て政策の基本理念として次の3つを掲げました。

❶　若い世代の所得を増やす

　若い世代が現在の所得や将来の見通しを持てるようにするため、非正規労働者の正規化や最低賃金の引き上げといった社会経済対策に取り組む。

❷　社会全体の構造・意識を変える

　家庭内において育児負担が女性に集中する「ワンオペ」の実態を変え、夫婦が相互に協力しながら子育てし、それを職場が応援し、地域社会全体で支援する社会を作る。

❸　全ての子育て世帯を切れ目なく支援する

　親の就業形態に関わらず、どのような家庭状況にあっても分け隔てなく、ライフステージに沿って切れ目なく支援を行う。

　そのうえで、今後3年間で加速化して取り組むこども・子育て政策として、子育て世帯の経済的負担の軽減や育児サービスの充実といったより直接的な支援を多岐にわたって示しています。

　ただし、そうした施策を実現するには数兆円規模の財源が必要とされており、社会保険料に一定額を上乗せする案や企業が児童手当や保育事業費の一部を負担する「子ども・子育て拠出金」を増額する案などがあがっています。ただ、現役世代への負担にかたよることから、教育に使い道を限定した「教育国債」の発行や消費税の増税を検討すべきという声もあります。

なお、子どもを産んだ人に支給される出産育児一時金は、2023年4月に42万円から50万円に引き上げられましたが、この増額分の一部は、75歳以上の約4割を占める年金収入が年153万円を超える人の後期高齢者医療保険料を引き上げた一部をあてることになりました。

　さらに、企業側の取り組みも極めて重要です。育児休暇の取得率が女性は85％を超えるのにたいして男性は14％程度という状況の改善や、出産後も職場に復帰しやすくなるよう、再就職や復職を希望する女性の就職を支援していくことも、出産にたいする不安の解消に効果があると見込まれます。国立社会保障・人口問題研究所が2021年に実施した「第16回出生動向基本調査（結婚と出産に関する全国調査）」によると、18〜34歳の未婚者の「希望するライフコース像」として「結婚し、子どもを持つが、仕事も続ける」と答えた人の割合は女性が34.0％にたいし、男性は39.4％とむしろ男性のほうが家庭の経済力を夫婦で担う形を望んでいるのです。非正規労働や低賃金も未婚の大きな原因の一つであり、男女が育児と仕事を両立させられる働き方を提供していく責務が企業に課されているといえるでしょう。

　一方、目前に迫った労働力不足を解消していくには、外国人労働者の受け入れを推進することも重要な課題です。しかも、ただ賃金を払うだけではなく、外国人労働者を取り巻く労働条件を改善し、差別や偏見をもたずに異文化を理解して、ときにはいままでの日本の慣習も変化させながらともに生きていく大切な存在として迎え入れていかなければなりません。

　少子化対策としては、政府の施策を中心として企業や地域、家庭が協力して仕事と出産・育児の両立をはかっていくことが必要不可欠です。また、高齢者や子育てをしない人も含めた社会全体で子どもを育てていくという意識が自然と芽生えてくることも重要でしょう。

出題例 の [解答・解説]

出題例 再録

少子化についての問題点を整理したうえで、あなたの考える対策案を400字程度で書きなさい。

構想メモを書いてみよう！

少子化の問題点を整理する ▶ 労働力の減少と財政悪化

- 労働力が不足し、経済規模が縮小する
- 財政悪化を招き、現役世代の負担が増大する

少子化の対策案 ▶ 抜本的改革と対策

- 子どもを産んで育てたいと自然に思える環境整備
  ➡ 保育所の増加や保育士の待遇改善、育児休暇の促進
- 外国人労働者の受け入れ推進
  ➡ 外国人労働者の労働条件の改善、異文化の理解や受容

少子化対策の理念 ▶ 政府・企業・地域・家庭の相互協力が必要

- 政府の施策を中心に、企業や地域、家庭が協力して仕事と出産・育児の両立をはかっていくことが必要不可欠

まず、少子化の問題点として、生産年齢人口の減少にともなう労働力不足と社会保障関係費の増大による財政悪化について説明する。そのうえで、子育てしやすい環境の整備と外国人労働者の受け入れといった対策案を示し、まとめとして政府・企業・地域・家庭が協力して出産・育児の両立をはかるという理念を述べる。

第4章

🦉 合格点まであと一歩の答案例

● 第1段落

　少子化についての問題点としては、①子どもを育む環境の変化があげられる。②少子化で学校の統廃合が進み、とくに地方では通学の負担が大きくなったり、大規模な学校行事を開催することが難しくなったりする。そのため、③多くの子どもたちが協力をしていくことで育まれてきた社会性が学校で身につけられなくなってしまい、どうしても思いやりのない、わがままな子どもが育ちやすくなってしまう。

● 第2段落

　少子化対策として最も大切なことは、女性が結婚をし、母親となるという選択を積極的に行なうようになる環境づくりである。そのためには、④独身税やDINKs税を設定し、その税収を元手として2人めの子どもからは児童手当を倍増したり、3人め以降には高額のお祝い金を支給したりするなどの支援にあてるとよい。子育てによって発生する金銭的負担をやわらげ、⑤逆に父親や母親にならない選択は損をするという環境をつくりだすことで、出生率はおのずと回復していくと見込まれる。

(403字)

全体を通じた コメント

　まず、少子化問題の中心とはいえない問題をあげてしまっていることが残念である。地域の子どもの数が減っていくことを問題にしていくのであれば、地域コミュニティの維持が困難になり生活の基盤となるインフラストラクチャーの維持や公的サービスの提供が困難になるといった過疎化の問題につないで論じることは可能であろう。

　一方、少子化対策として、子育てによって発生する金銭的負担をやわらげるという政策を示したのは悪くなかったのだが、財源として「独身税やDINKs税を設定」するというのはかなりの暴論である。子孫を残せない人間は社会的に価値がないと烙印を押すような政策の提示は、社会の利益のために個人の価値観を否定する人権侵害ととらえられかねないので注意しなければならない。

答案例へのコメント

→❶：△ 「子どもを育む環境の『変化』」という書き出しだと、どういった問題なのかがつかめない。「悪化」や「劣化」とすべきである。

→❷：△ 「学校の統廃合」によって、どうして「大規模な学校行事を開催することが難しく」なるのかがみえてこない。このあとの主張を考えると、「学校の統廃合が進み、とくに地方では通学の負担が大きくな」るという記述は不要である。

→❸：✕ 少子化で子どもの性格が悪くなるという指摘は、単なる思い込みでしかない。

→❹：✕ 「独身税やDINKs税」とはどのような税なのかを説明すべきである。説明がないかぎり、ただ過激なだけの意見にすぎない。

→❺：✕ 個人の生き方に圧力をかけるような政策は受け入れられない。

神髄 25 社会の利益になるからといって個人の価値観を否定してはならない！

第4章

🦉 合格点がもらえる答案例

• 少子化の問題点を整理する

　少子化は、労働力が不足し経済規模が縮小するという問題を引き起こす。生産年齢人口が急激に減少することにより、労働力不足を補うためにワーク・ライフ・バランスが改善されず、少子化がますます進行していくという悪循環が生まれてしまう。さらに、国内の人口自体が減少し国内の消費力が落ち込んでいくと、海外展開を行なっていない企業を中心に売上や利益が減少し、成長力も低下してしまう。

• 少子化の対策案

　具体的な対策としては、親の就労の有無を問わずに時間単位で保育所を利用できる制度の創設や保育士を確保するために待遇の改善を進めることが大切である。さらに、企業側の取り組みとして、男性の育児休暇の取得率の改善や、再就職や復職を希望する女性の就職を支援していくことも、出産にたいする不安の解消に役立つ。

• 少子化対策の理念

　政府を中心に、企業や家庭が協力して女性の仕事と出産・育児の両立をはかっていくことが必要不可欠である。そして、社会全体で子どもを育てていくという意識が高まってくることが子育てを希望する人々にたいする大きな後押しとなる。

(439字)

全体を通じた コメント

少子化の問題点として、労働力が不足して経済規模が縮小することを取りあげ、少子化が原因の労働力不足が、ひいては新たな少子化を招くという悪循環に言及できており、分析の深さを示せている。

そのうえで、子育てしやすい環境づくりという対策については、政府が示している施策の中でとくに重要だと考える課題に絞って取りあげつつ、企業側の取り組みについても具体的な提案ができていて、説得力を増すことに成功している。最後は、社会全体の協力が必要不可欠であるという理念に触れることによって、そつなくまとめられている。

答案例への コメント

➡**❶**：○　少子化の問題点を、文章の最初に簡潔に示せている。

➡**❷**：◎　少子化が労働力不足を引き起こし、さらにはワーク・ライフ・バランスの崩壊によって新たな少子化を招くという悪循環について言及できており、理解の深さがみてとれる。

➡**❸**：○　見落とされがちな経済全体への影響について触れられている。

➡**❹**：◎　少子化対策として、現時点の政府の対策が行き届いているとはいいがたい分野に言及できていて、大変よい。

➡**❺**：◎　雇用の受け皿であり男性の育児協力および女性の雇用にも深くかかわってくる企業の取り組みについて取りあげられていて、大変よい。

➡**❻**：◎　少子化を女性だけの問題とせず、社会全体で取り組む必要性があると示しており、まとめとしてふさわしい内容となっている。

神髄
26

最も効果的で重要だと考える少子化対策を明確に示そう！

テーマ14

平均寿命と健康寿命

健康維持は個人の心がけ次第か？ 　　　　頻出ランク ★★★★☆

 これがテーマの神髄だ！

★ 「平均寿命」とは？　「健康寿命」とは？

● 平均寿命 →P.191：「その年に誕生した子どもが何年生きるか」を推計したもの

● 健康寿命 →P.192：「健康上の問題で日常生活が制限されることなく生活できる期間」のこと

➡ 平均寿命との差は、女性で12年以上、男性で8年以上

★ 平均寿命と健康寿命の格差問題

❶ 介護をされる側とする側両方のQOL →P.219 が損なわれ、介護費などの経済的な負担も大きくなる

❷ 社会保障の担い手の減少に備えた社会保障関係費 →P.179 の抑制は、国としても大きな政策課題

★ 健康寿命を延ばしていくために

❶ スマート・ライフ・プロジェクト →P.194 への取り組み

➡ 適度な運動、適切な食事、禁煙、健診・検診 →P.194 の受診

❷ 75歳以上の後期高齢者 →P.195 を対象としたフレイル健診 →P.195 の活用

❸ 行政を中心とした適切なサポート →P.197

❹ 職業寿命 →P.198 を延ばす

➡ 健康の維持はけっして個人だけの問題ではなく、社会全体の問題としてとらえることが大切 →P.198

実際の出題例を見てみよう！ ➡解答・解説は p.199〜

出題例

　健康寿命を平均寿命に近づけるためにはどのようなことが必要か、400字程度で書きなさい。

（昭和大学・医学部／改）

◆「平均寿命」とは？　「健康寿命」とは？

> カミオ先生、「平均寿命」という言葉はなんとなく知っているのですが、「健康寿命」ってどんな意味なんですか？

　健康寿命の説明に入る前に、「なんとなく知っている」という平均寿命から定義を確認しておきましょうか。「平均寿命」とは、「その年に誕生した子どもが何年生きるか」を推計したもので、0歳のときに何歳まで生きられるかを統計的に予測した「平均余命」のことです。

　なお、「平均余命」とは「その年齢から亡くなるまでの時間」を平均した数値であり、0歳の平均余命＝平均寿命　となります。

　厚生労働省が発表した「簡易生命表」によると、2021年の日本人の平均寿命は女性が87.57歳、男性が81.47歳となっています。終戦直後の1947年と比較すると、当時の平均寿命は女性が53.96歳、男性が50.06歳だったので、70年あまりで30年以上も平均寿命が延びたことになるのです。

　また、2021年に生まれた人が75歳まで生きる確率は女性が88.3％で男性が76.0％、90歳まで生きる割合は女性が52.0％で男性が27.5％ですから、まさに「長寿大国ニッポン」という印象がありますよね。

 2021年に生まれた女の子の半分以上が90歳まで生きるなんて驚きです！
次は、「健康寿命」について教えてください。

「健康寿命」とは、国が3年に1度発表する「健康上の問題で日常生活が制限されることなく生活できる期間」のことです。世界保健機関（WHO）憲章の前文において、「健康とは、肉体的、精神的及び社会的に完全に良好な状態であり、単に疾病又は病弱の存在しないことではない」と定義されているとおり、「健康」は包括的かつ多義的な概念です。

　厚生労働省が実施している「国民生活基礎調査」の中に、「あなたは現在、健康上の問題で日常生活に何か影響がありますか」という質問があるのですが、この質問に「ある」と回答した人の割合から算出します。なお、「日常生活」とは食事、入浴、外出、仕事、家事、学業、運動などをさすことから、介護や他人の助けを借りずにふだんの生活動作が自分ひとりでできるだけでなく、社会的な活動もできる期間のことといえますね。

　現在、「日常生活に制限のある人」は全国で1,600万人程度にのぼると推計されているのですが、日常生活動作が自立して行なえない「要介護2」以上の人数である320万人程度よりもかなり多く、「健康寿命」という指標がたんに身体だけの健康を問題としているのではなく、社会的な活動ができるかどうかまで含まれることに注意してほしいのです。

　2021年の厚生労働省の発表によると、2019年の日本人の健康寿命は、男性72.68歳、女性75.37歳となっています。これを2021年の平均寿命である男性81.47歳、女性87.57歳と比較すると、その差は男性8.79年、女性12.2年にもなるのです。

日本では、2012年に定められた「健康日本21（第二次）」において健康寿命をどの程度延ばしていくかについての具体的な目標が設定されてから、健康寿命がさまざまな健康増進施策の基本的な方向性や目標の中に位置づけられてきています。

2019年には、厚生労働省の有識者研究会において、2016年時点の健康寿命を「2040年までに男女ともに3年以上延伸する」ことが打ち出されました。これは、健康寿命の延びが平均寿命の延びを上回ることをめざしたものでもあり、この目標が達成されると、健康寿命は男女ともに75歳以上となります。

そうかあ、女性のほうが長生きであるだけ、健康寿命が短いとツライ毎日もそのぶん長くなりそうですね……　周りにも迷惑をかけそう。

◆ 平均寿命と健康寿命の格差問題

もちろん、人生の最後まで身近な人たちが支えていくことは当然ですが、自立して生きられない期間が長いと、介護をされる側とする側両方の**QOL**（Quality of Life：生活の質）→P.219 が損なわれてしまいますし、介護費などの経済的な負担も大きくなります。

また、少子化 →P.177 の影響もみすごせません。2025年以降には現役世代が急激に減っていくため、社会保障の担い手もそのぶん減ってしまいます。にもかかわらず、2040年度までには、医療や介護などにかかる社会保障関係費 →P.179 は2018年度の1.6倍となる約190兆円に達すると予想されており、国としても大きな政策課題です。

なお、健康寿命を延ばすための対策が医療費を減らす効果をもつわけではありません。たとえば、禁煙対策によって肺がんで若くして死んでしまう人が減って短期的な医療費が減ったとしても、寿命が長くなるぶん一生にかかる医療費の総額はむしろ増えることすらありま

第4章

す。介護費を減らす効果はもちろん見込めますが、答案に「医療費を削減するために健康寿命を延ばしていくべきである」などと書かないようにしてくださいね！

やっぱり、1日でも長く健康に生きることは大切ですね！　健康寿命を延ばしていくには何に気をつければいいのですか？

◆ 健康寿命を延ばしていくために

　厚生労働省は、「健康寿命をのばしましょう。」をスローガンとして、国民が人生の最後まで元気に健康で楽しく毎日が送れることを目標とした「スマート・ライフ・プロジェクト」という取り組みを進めており、3つのアクションを勧めています。

> ❶　毎日 10 分の運動をプラス
> ❷　1 日あと 70g の野菜をプラス
> ❸　禁煙でたばこの煙をマイナス

　❶にあげた「適度な運動」は、心肺機能や移動能力の保持、肥満の予防になるだけでなく、認知機能や心理面などにもよい影響を与えます。

　❷にあげた「適切な食事」は、ビタミンやミネラル、食物繊維などが豊富に含まれる野菜を多く摂取し、高血圧を引き起こす塩分のとりすぎに注意することによって、がん →P.151 や脳卒中、糖尿病などの生活習慣病を予防できます。

　❸にあげた「禁煙」については、たばこの煙には多数の発癌性物質が含まれているため、たばこを吸わない人にまで悪影響を及ぼし、病気を引き起こすことにも注意したいものです。

　さらに、2014年からはこれらに「健診・検診で定期的な健康チェッ

ク」が加わりました。「健診」(健康診断)とは、現在の自分の健康状態を把握する目的で行なわれるものです。とくに、初期の生活習慣病は自覚症状がないケースが多いので、初期の異常やリスクに健康診断で気づくことで生活習慣を改善して病気の発症を防げます。

また、40歳になったら、通称「メタボ健診」ともよばれる**特定健診(特定健康診査)**を受診することも大切です。特定健診で生活習慣病の発症リスクが高いと判定された場合には、地域で生きるすべての人びとや組織が安全な環境で健康的に活動できるよう環境の調整や指導を行なう保健師や、国家資格保持者として、傷病者や高齢者など一人ひとりに合わせて専門的な知識と技術をもって栄養指導を行なう管理栄養士などの専門知識を有するスタッフと面談し、「特定保健指導」とよばれる生活習慣改善のアドバイスやサポートを受けます。

これに加えて、2020年からは75歳以上の後期高齢者を対象とした**フレイル健診**が導入されることになりました。「フレイル」とは「虚弱」を意味する英語「frailty(フレイルティ)」が語源で、「加齢とともに、筋力や認知機能などの心身の活力が低下し、生活機能障害、要介護状態 →P.209、死亡などの危険性が高くなった状態」のことを意味する言葉です。フレイルは大きく3つの種類に分かれ、それぞれが連鎖していくことで自立度の低下が急速に進むとされています。

❶ 身体的フレイル

加齢にともなう筋力の低下や関節や脊椎の病気、骨粗しょう症などにより運動器の機能が衰えて、移動機能が低下する**ロコモティブシンドローム**や、筋肉量の減少および筋力が低下する症状である**サルコペニア**がみられるようになります。

❷ 精神・心理的フレイル

「気分が落ち込んで何にもする気になれない」「ゆううつな気分」などの心の状態が強くなり、さまざまな精神症状や身体症状がみられる抑うつや、記憶力や注意力などの認知機能が低下してきている軽度認

知障害（MCI）→P.96 がみられるようになります。

❸ 社会的フレイル

一人暮らしや経済的困窮によって、社会活動への参加や対人交流が難しくなっている状態のことをさします。

このように、フレイルとは身体的な問題だけでなく、認知機能の低下やうつなどの精神・心理的な問題、孤立や経済的な困窮など社会的な問題も含む概念なのです。75歳以上で大きく増え、全国で350万人の高齢者が当てはまると推計されています。

フレイルの予防には、3つの柱が重要です。

❶ 運動

心肺機能を高めて体力や持久力の向上を促すウォーキングなどの有酸素運動、筋肉の柔軟性を高めて関節の動きの改善を促すストレッチング、筋力を強くして筋肉量を増加させる筋力トレーニング、転倒予防や歩行速度を高めるためのバランス訓練などを、楽ではないと感じる程度からややきついと感じる程度で、個人の状態に合わせて行なうのがよいとされています。

❷ 栄養

ごはんやパンなどの「主食」、肉・魚・卵・大豆製品などを使った「主菜」、野菜・きのこ・いも・海藻などを使った「副菜」をそろえて多様な食品を毎日食べるのがよいとされています。

❸ 社会参加

趣味やスポーツの会、ボランティアといった、活動目的が明確で、参加者同士の上下関係が少ない活動に自発的に参加することがよいとされています。

フレイルなど心身の衰えがみられると判断された人には、保健師らがウォーキングを勧めたり、地域のサークル活動や老人クラブを紹介したりするなど、適切な改善指導を行なうことになっています。

一方、「検診」とは特定の疾病を発見するために実施する検査のことであり、これを受診すると自覚症状が出る前に疾病を発見できる可能性が高くなります。とくに、日本人の死因第1位でもあるがんは、がん検診を受けて早期発見を心がけたいものですね。

なるほど、やっぱり自分の健康は自分で守らないといけませんね。適度な運動と適切な食事を心がけたいと思います！

いやいや、そう簡単にまとめずに。健康寿命は社会的な活動もできる期間である以上、社会の受け入れ体制も必要になってくるのです。そのためには、行政を中心とした適切なサポートが求められます。

働いていたり子育てに追われていたりしたころにはなかった自由な時間を活用して、外へ出て体を動かし、さまざまな人とかかわるといった活動ができるよう、地域の自治会や老人会や、仲間と趣味に打ち込んだりできる場が身近になければなりませんね。実際、組織に参加する割合が高い地域ほど、認知症 →P.93 のリスクをかかえる後期高齢者の割合が低くなる傾向が認められているとのことです。

また、行政機関が主催する運動などの講習会でも、ただ体を動かして帰るだけではなく、参加者どうしの交流を促すことが重要です。予防の取り組みは継続することが大切で、地域の住民が出かけることが楽しみになるような場所をつくりだしていくことも行政の役割です。

さらに、積極的に健康づくりに取り組み、健康の大切さを周りのお年寄りに広めて取り込んでいくような発信力をもつ地域のインフルエンサーを育成することにより、政策の効果を高めていくことにも地道に取り組んでいく必要がありますね。

 そうかあ。高齢になっても生き生きと活動できるようにするには、社会の手助けが求められるのですね。

　そして、もう一つ大切なこととして、元気なうちは仕事をしていたいと考える人に引き続き働いてもらうという職業寿命を延ばすことがあげられます。実際、現在就労している60歳以上の8割が70歳以降まで働くことを希望しているという内閣府の調査があります。

　いまの日本では定年が60歳、継続雇用でも65歳までの会社が多く、65歳以上の高齢者の就業率は男性で30％程度、女性で20％程度です。つまり、多くの人にとっては、40年ほどの現役期間のあとには無職の状態が20年以上も残されているのです。これは、個人としても労働力不足に悩む社会としても残念な状況といえるでしょう。

　仕事を続けていれば規則正しい生活を送ることにもつながり、仕事を通じて社会に役立っているという実感も得られます。さらに、仕事を通じて多くの人とかかわり合いをもてたり、収入を得ることによって生活費を確保して幅広い経済的自由を手に入れたりすることも可能となるのです。2021年には改正された高年齢者雇用安定法が施行され、65歳から70歳までの労働者の就業機会を確保するため、「70歳までの定年引上げ」「70歳までの継続雇用制度」などの措置を講ずる努力義務が新設されました。また、2022年の法改正により、一定以上の収入があると本来もらえるはずの年金が減らされてしまう「在職老齢年金」が支給停止になる基準が緩和されることになりました。

　健康の維持はけっして個人だけの問題ではなく、社会全体の問題としてとらえることがほんとうに大切です。

出題例 の[解答・解説]

出題例 再録

　健康寿命を平均寿命に近づけるためにはどのようなことが必要か、400字程度で書きなさい。

 構想メモを書いてみよう!

| 平均寿命と健康寿命の差の意味 | 用語の定義を意識する |

- ふだんの生活の動作が自分ひとりではできず、介護や他人の助けが必要となる期間
- 社会的な活動も制限されてしまう期間

| 個人が取り組むべきこと | スマート・ライフ・プロジェクト |

- 適度な運動と適切な食事、禁煙、健康診断(けんこうしんだん)や検診(けんしん)を受ける

| 社会が取り組むべきこと | 心身の健康の維持を支えていく |

- 活動の場の確保、健康の大切さにかんする広報活動、職業寿命を延ばしていく

　まず、平均寿命と健康寿命という用語の定義を明らかにし、健康寿命が尽きた状態について説明する。そのうえで、健康寿命を延ばしていく意義について、個人だけの問題ではなく社会全体の問題としてどう取り組んでいくかを述べていく。

　とくに、一人ひとりが命のあるかぎり元気に生活を送れるよう心がけるだけでなく、周りもサポートしていくことが大切だという姿勢はしっかり打ちだしておきたい。

第4章

🎯 合格点まであと一歩の答案例

第1段落

❶健康寿命を延ばしていくには、肥満や糖尿病などの生活習慣病のリスクを低くし、脳卒中や心筋梗塞を引き起こす原因を取り除いていく必要がある。❷そのために取り組むべき課題を2つ取りあげることにしたい。

第2段落

❸1つめは、適度な運動に取り組むことである。❹適度な運動は心肺機能の維持や肥満の予防にも役立つだけでなく、心臓病や脳卒中、がんといった多くの病気のリスクを下げる効果がある。エレベーターではなく階段を使ったり、家までの帰り道に遠回りをしたりするなど、❺少し息が上がるくらいのウォーキングに取り組むようにするとよい。

第3段落

そして2つめは、適切な食事である。主食、主菜、副菜をバランスよくとり、❻塩分を控えめにした野菜多めのメニューを心がけることが大切である。また、❼介護が必要となるような骨折を引き起こす骨粗しょう症を予防するために、乳製品や小魚などからカルシウムを摂取することも忘れないようにしなくてはならない。

(392字)

全体を通じた コメント

　健康寿命を延ばしていくうえで必要な個人の取り組みについては、正しい知識にもとづいてよく書けている答案だといえる。ただし、「平均寿命」と「健康寿命」の意味のちがいを明確に示さないまま対策について書き進めてしまっているため、答案としては不親切である。

　また、対策の内容としても個人の取り組みばかりに力を入れすぎていて、社会の取り組みについて触れられていないため、物足りなさを感じてしまう。この答案だと、健康維持は個人の努力次第だと突き放しているような印象を与えかねず、視野のせまい答案といわざるをえない。

答案例へのコメント

➡❶：△　健康寿命を延ばしていくために必要なこととして身体の問題にばかり注目しすぎている。

➡❷：○　「取り組むべき課題を2つ」とはっきり示しているのはよい。

➡❸：○　「適度な運動に取り組むこと」のように、これから述べることを短い言葉で説明する「ラベル」を用いている点はよい。

➡❹：×　第1段落の内容と重なっている。第1段落には「平均寿命と健康寿命の差が意味すること」について書くべきだった。

➡❺：△　年齢によっては、「少し息が上がるくらいの」運動は危険をともなう。

➡❻：△　どうして「塩分を控えめにした野菜多めのメニューを心がけることが大切」なのかについての説明が不足している。

➡❼：○　健康寿命を縮める要因の一つである「骨折を引き起こす骨粗しょう症」について取りあげている点はよい。

神髄
㉗

社会的な課題を個人の責任として押しつけない！

👀 合格点がもらえる答案例

・平均寿命と健康寿命の差の意味

❶「その年に誕生した子どもが何年生きるか」を表す「平均寿命」と「健康上の問題で日常生活が制限されることなく生活できる期間」を表す「健康寿命」との差は、ふだんの生活動作が自分だけでできず、介護や他人の助けを必要とし、社会的な活動も制限されてしまう期間である。

・個人が取り組むべきこと

❷健康寿命を平均寿命に近づけるためには、まず個人の努力として日常生活の中で適度な運動と適切な食事を心がけ、たばこは吸わず、定期的に健康診断や検診を受けて自分の健康状態を把握していくことが大切である。

・社会が取り組むべきこと

　また、❸講習会を開いて健康の大切さを広めたり、心の健康を維持できるよう、地域の住民が楽しんで出かけられる場所をつくりだしていったりするという、行政機関のサポートも求められる。さらには、❹高齢になっても仕事をしたいと考える人が働きやすい労働環境や年金制度を整備して、❺社会全体で個人の健康を支えるしくみの構築をめざしていくべきである。

（389字）

全体を通じた コメント

「平均寿命」と「健康寿命」の意味のちがいについて、自分勝手なイメージで議論を進めることなく、正しい用語の定義を示したうえで課題を整理できている。

　そのうえで、「健康寿命を平均寿命に近づけるためにはどのようなことが必要か」というテーマにたいして、取り組むべき内容を個人と社会に分けて具体的に示せている。とくに、健康な体づくりや地域の人との交流といった一般的に重要だと思われている施策にとどまらず、仕事を続けていくことも健康維持につながるという見方まで示せているのは高く評価できる点である。

答案例へのコメント

➡❶：○　「平均寿命」と「健康寿命」という用語を明確に定義できている。

➡❷：◎　まずは個人が努力すべきこととして、厚生労働省が提唱するスマート・ライフ・プロジェクトを意識した内容が簡潔にまとめられている。

➡❸：◎　行政の役割として、広報活動や身近な交流機会の設定といった具体的な取り組み策を示せている。

➡❹：◎　高齢化社会に対応した労働環境の整備が健康を維持するための施策としても有効だという新たな視点を打ちだせている。

➡❺：◎　健康の維持について、個人にだけ責任を押しつけず社会全体の問題として取り組む必要性がまとめられている。

神髄
28　健康づくりに役立つ対策を幅広く示していこう！

テーマ 15

国民皆保険

世界に誇れるセーフティ・ネットを守りたい　頻出ランク ★★★★☆

⚡これがテーマの神髄だ!

★ 医療保険のしくみ

● 医療保険 → P.205 ：病気や事故の治療にかかる高額な医療費の負担を軽減する社会保険 → P.205 。すべての国民が加入

➡ 国民皆保険 → P.205 ・ フリーアクセス → P.206 ・ 現物給付 → P.206 が日本の医療の大きな特徴

★ 医療保険の歴史

● 1927 年に日本最初の医療保険／ 1943 年には約 75%をカバー

● 1961 年に国民皆保険完成

➡老人医療費による財政圧迫が大きく、2008 年には後期高齢者医療制度 → P.206 が開始

★ 介護保険の誕生としくみ

● 介護保険 → P.209 ：介護を社会全体で支えるしくみ

➡ 2000 年施行／ 40 歳から加入／サービスの対象者は原則 65 歳以上で、要介護認定が出た人／要介護度が重くなるほど利用できる上限額の増加／自己負担は所得に応じて 1 ～ 3 割

★ 国民皆保険や介護保険を維持していくには

❶ 薬剤費 → P.210 の抑制

❷ 自己負担の引き上げ

➡介護保険制度見直しの議論は 3 年ごとしかなされないため、改革の遅れを心配する声も

実際の出題例を見てみよう！　　➡解答・解説は p.213〜

出題例

　わが国の今後の医療保険制度のあり方について、400 字程度で書きなさい。

(近畿大学・医学部／改)

◆ 医療保険のしくみ

> カミオ先生、アメリカで国民皆保険の導入を求める声が広がっているというニュースを聞いたのですが、「国民皆保険」ってどういう意味ですか？

　「国民皆保険」とは、安心して医療を受けられるよう、病気や事故の治療にかかる高額な医療費の負担を軽減する公的な健康保険へ原則的にすべての国民が加入し、一人ひとりが保険料を出し支え合うという制度のあり方のことです。何か不測の事態が起きたときに備えるセーフティ・ネットの一種ですね。たとえ民間の保険に加入していたとしても加入する必要があります。

　医療保険は、病気や高齢、介護や失業、業務中の事故といった労働災害などに備え、国民の生活を保障するために設けられた公的な保険制度である社会保険の一つです。日本の社会保険には、医療保険のほかに、介護保険 → P.209、高齢者に毎年定期的に給付される年金保険、失業した場合に必要な給付を行なう雇用保険、業務や通勤時の事故のときに給付を行なう労災保険（労働者災害補償保険）があります。

　公的な健康保険には、職業や勤務先によっていくつかの種類があるため、次のページで整理しておきたいと思います。

> **❶** 市町村国民健康保険
>   ：自営業者や非正規労働者、年金受給者、無職者、学生や
>   未成年者など
> **❷** 国民健康保険組合
>   ：医師・歯科医師・薬剤師・建設業など
> **❸** 組合管掌健康保険
>   ：大企業・事業所に雇用されている被保険者とその被扶養者
> **❹** 全国健康保険協会管掌健康保険（協会けんぽ）
>   ：中小企業・事業所に雇用されている被保険者とその被扶
>   養者
> **❺** 各種 共済組合など：公務員、私立学校教職員
> **❻** 船員保険

このうち、市町村国民健康保険については、財政運営の責任主体が
2018年から都道府県に変わり、市町村は保険料を集めて窓口相談に
あたる役割を担うかたちに変更されています。

なお、どの保険に加入していたとしても、75歳以上の後期高齢者
になると、その時点で加入している公的医療保険から後期高齢者だけ
の独立した医療制度である後期高齢者医療制度に移行します。

このように、原則としてすべての国民が公的医療保険に加入する国
民皆保険、小さな診療所 →P.23 から大学病院まで患者が自由に受診
先を選べるフリーアクセス、さらに窓口での一部負担金のみで診療や
手術、薬の給付など必要な医療サービスを受けられる現物給付が、日
本の医療の大きな特徴だといわれています。

欧米では、病院と診療所は担う機能によって区別されていて、患者
の診察は診療所の医師が行ない、診療所の医師から紹介された患者が
入院して専門的治療や手術を受ける医療施設が病院だとされていま
す。そのため、病院に外来部門はありません。

フリーアクセスについては、小さな診療所でも入院する必要のある

患者を受け入れられたり、最初から大きな病院で診察してもらえたりするメリットがある一方、大きな病院に軽症患者や長期入院の必要のない患者が集まってしまい、地域の診療所がかかりつけ医 →P.224 の機能を十分に果たせないなどの問題にもつながっています。

　公的医療保険のおかげで、医療機関を受診するさいには、義務教育就学後の6歳以上69歳以下は3割、未就学児と70歳以上74歳以下は原則2割の負担ですみます。75歳以上は原則1割、現役並み所得者は3割なのですが、2022年10月1日からは、一般所得者等のうち、一定以上の所得がある人は2割に変わりました。厚生労働省の推計によると、2割負担となるのは後期高齢者医療制度の被保険者の約20%です。残りの7～9割が保険の運営主体から支払われ、集められた保険料に加えて国や自治体の税金が財源となっています。ちなみに、納める保険料の金額は、基本的にその人の所得によって変わります。

　また、医療機関や薬局の窓口で支払う医療費が年齢や所得に応じて定められた1か月の上限額を超えた場合には超過額が支給される高額療養費制度や、子どもが生まれたときに申請すると原則として1児につき42万円が支給される出産育児一時金というしくみもあります。なお、2023年度からは少子化対策の一環として50万円に引き上げられました。

　なお、業務中の事故による治療にかんする費用はすべて労災保険から医療機関に支払われるため、労働者による負担はありません。

　医療保険制度のくわしいしくみがわかってよかった！　ところで、アメリカにはこうしたしくみはないのでしょうか？

　最初の話題に出ていたアメリカの保険制度には、65歳以上の高齢者および身体障害をもつ人、重度の腎臓障害をもつ人のみが加入でき

るメディケアと、低所得者を対象としたメディケイドしかなく、どちらにも加入できない人は民間の保険に加入しなければなりません。

　2014年からは、民間の保険会社への加入を義務づけるオバマケアが始まりましたが、保険料が高額であったり自己負担額が大きかったりするため、2018年時点では無保険者が約2,700万人もいます。

　こうした事態を解消するため、アメリカでは一部で国民皆保険を導入すべきだという世論が起こっているのですが、皆保険の導入にはばく大な財源を必要とすることに加え、個人の自由や選択が尊重されるアメリカにおいて加入を国に強制されることへの反発も根強く、導入の道筋はみえてきません。

　ちなみに、韓国では日本と似た国民皆保険制度をとっており、ドイツやイギリス、フランスなどでも、フリーアクセスではないものの、国民皆保険制度がとられています。

　<u>日本の国民皆保険のあり方については、高い健康水準を実現して世界有数の長寿国となった要因であると評価されており</u>、日本のような制度の導入をめざしている国も存在しています。

　そうかあ、日本の国民皆保険は恵まれたしくみなんですね。ちなみに、いつからこのシステムになったのですか？

◆ 医療保険の歴史

　日本最初の医療保険は1927年に全面施行された健康保険なのですが、工場や鉱山などの事業所で働く従業員本人のみを対象としていたために、人口の3％しか加入していませんでした。また、1938年には、農民層の救済を目的として市町村や職業単位で任意に設立される国民健康保険が始まったのですが、それでも人口の10％程度しか加入していませんでした。医療保険制度の加入範囲は1941年の太平洋戦争

開戦後も広げられ、1943年には約75％の人口をカバーするまでに成長しますが、それでも、1950年代半ばまでは、戦後10年が経過しても国民の3分の1にあたる約3,000万人が公的医療保険に未加入という状態が続いていたのです。その後、新たな国民健康保険法が1958年に施行されて<u>1961年に市町村国民健康保険制度が始まったことにより、ようやく現在の国民皆保険制度が完成した</u>のでした。

　1973年に施行された老人福祉法によって、70歳以上の患者自己負担はゼロとされたのですが、老人医療費による財政圧迫が大きく、1983年からは一定額を負担させる老人保健法が施行されました。その後も、2002年には老人医療制度の対象者を70歳から75歳に引き上げましたが、<u>2008年からはついに、75歳以上の人から平等に保険料を徴収し財源の1割を75歳以上の人が支払う保険料で確保するという後期高齢者医療制度</u>が開始されたのです。

第
4
章

ところで、先生、最初に社会保険の一つとして示されていた介護保険はいつできたのですか？そもそも、「介護保険」ってどんな保険なんですか？

◆介護保険の誕生としくみ

　介護を社会全体で支えるしくみとして2000年から施行されたのが介護保険です。年齢が高くなるにつれ、介護を必要とする高齢者の割合は増加してきます。とくに、認知症 →P.93 の出現率は加齢によって急増することから、認知症による要介護状態の高齢者がますます多くなると予想されています。こうした事態に備えるため、介護保険を社会保険制度の一つとして位置づけ、費用を保険料として広くうすく集めることによって、介護サービスの利用にかかる費用を給付しています。<u>介護保険は、40歳になると加入が義務づけられ、40歳から64歳までの人は加入している健康保険とあわせて保険料が徴収されま</u>

す。そして、65歳以上になると、原則として年金から差し引かれる「天引き」というかたちで市区町村によって徴収されます。サービスの対象者は、原則として65歳以上の人だけであり、40歳から64歳までの人は指定された病気によって介護認定を受けた場合にかぎり対象となります。

　要介護認定が出ると、要介護者向けの介護サービス利用計画であるケアプランがケアマネジャー（介護支援専門員）によって作成され、それにもとづいて訪問介護や施設入居、福祉用具のレンタルや、高齢者などがふつうの生活を送れるよう身体的・精神的な障壁（バリア）を取り除こうという考え方であるバリアフリーにもとづく住宅改修といったサービスが受けられます。利用できるサービスの上限額は、要介護度が高くなるほど増えていきます。また、自己負担の割合は、所得に応じて1〜3割に設定されています。

医療保険にしても介護保険にしても、高齢化がさらに進んでいくと維持していくのが大変そうですね……

◆国民皆保険や介護保険を維持していくには

　国民皆保険維持のために取り組むべき課題は2つです。

❶ 薬剤費の抑制

　じつは、年間の国民医療費のうち、薬剤費は4分の1の約10兆円を占めています。また、本庶佑京都大学特別教授のノーベル生理学・医学賞受賞につながったがん治療薬「オプジーボ®」や、白血病などの新しい治療薬「キムリア®」、脊髄性筋萎縮症の遺伝子治療薬「ゾルゲンスマ®」→P.166 など、効果は高いもののきわめて高額な、バイオ医薬品をはじめとする治療薬が相次いで登場したため、高額療養費

制度 →P.207 によって医療保険財政を圧迫する懸念も示されています。実際、2021年度に健康保険組合加入者の中で1か月の医療費が1千万円以上となった患者は、10年前に比べて約8倍となる延べ1,500人を超えて過去最多を更新しました。金額上位100人中48人が「キムリア」を使用し、1億円以上の7人は「ゾルゲンスマ」を使用しています。もちろん、治療に効果が見込める薬には保険が適用されるべきですが、あまり効果が見込めない病気に使われている薬にたいしては見直していくしくみも必要でしょう。

　一方で、現在湿布やビタミン剤、かぜ薬や花粉症治療薬、漢方など市販薬で代替可能な医薬品を保険給付の対象からはずし、全額自己負担とすることが検討されています。これらの薬を市販品より安く入手するために患者が病院で受診するケースが多く、過剰な受診を招いているという指摘があるためです。市販薬で代替可能な薬剤費は年2,000億円以上にもなるという試算もあります。また、新薬の特許が切れたあと、同じ有効成分でつくられる薬で効果や安全性は変わらず約2～5割の価格で販売される後発医薬品（ジェネリック医薬品）の優先使用を医師に促すことも、病院に支払われる診療報酬以上の効果が見込めるとされています。

❷　自己負担の引き上げ

　2021年度の医療費約44兆円のうち、約17兆円が75歳以上の後期高齢者の医療費とされています。このうち、患者が医療機関などで支払う自己負担分を除くと、高齢者がみずから支払う保険料は約1割のみであり、約5割は公費、約4割は現役世代からの支援金で支えられています。公費については、税収だけでは足りないため、国は国債を発行して借金によって補っているのが現状です。また、75歳以上の1人あたりの年間医療費約94万円のうち、後期高齢者医療制度の保険料と窓口負担が占める割合は約15％にとどまっています。

　そのため、後期高齢者に限らず、外来受診時の窓口負担に一定額を

上乗せする受診時定額負担（ワンコイン制度）を導入するという案があります。しかし、医療費は受けた医療サービスの対価であるべきであるという考えや、受診控えが起こって重症化する危険性があるといった反対の声が根強く、見送られています。

　一方、介護保険制度についても、介護保険制度がスタートした2000年度の3.6兆円から2022年度は予算ベースで過去最高の13.3兆円にふくれあがっています。厚生労働省は、一定以上の所得のある高齢者にはより多く負担してもらう応能負担の強化を図るべく、高所得の高齢者の介護保険料引き上げを検討しています。また、介護サービス利用時の自己負担額が2割となる所得基準を見直し、2〜3割負担の対象者を65歳以上の所得上位約30％に拡大しようとしています。

　さらに、「要介護1・2」の人にたいする掃除や買い物といった生活援助サービスを全国一律の介護保険サービスから切り離し、市町村が運営基準や報酬単価などを設定できる市町村事業に移行することや、介護保険の在宅サービスの利用に必要なケアプラン作成の有料化も検討課題としています。

　しかし、介護は利用期間が長期に及ぶため、負担が増せば影響もその分大きくなることから、負担増を避けようとして介護が必要な高齢者がサービス利用の回数を減らせば、結果として要介護度が上がり、将来の給付増に跳ね返るのではないかという慎重な意見があります。また、自治体の事業費にも上限があるため、自治体の財政基盤によっては必要なサービス提供が抑制されることが懸念されています。

　とはいえ、制度の持続性を考えれば高齢者の負担増や給付内容の抑制について真剣に検討すべきでしょう。

　そもそも、保険料の負担を20歳以上に見直すべきではないかという声もあるほどです。介護保険の見直しの議論は3年ごとにしかなされないため、改革の遅れを心配する声が目立っています。

出題例の[解答・解説]

出題例 再録

わが国の今後の医療保険制度のあり方について、400字程度で書きなさい。

構想メモを書いてみよう!

課題の提示と背景説明 — 薬剤費を抑制すべき理由

- バイオ医薬品は開発費がかさむため、高額になる
  - ➡高額療養費制度によって患者の自己負担に上限が定められているため、医療財政への影響が懸念される

市販薬の類似薬を保険給付の対象外に — むだな診察も抑制

- 市販薬として販売されている医薬品は保険給付の対象外に
  - ➡医薬品を安く入手するために患者が病院で受診するケースもあることから、医療費が抑えられる

財源確保の方策の検討 — 低所得者に配慮した負担増

- 高所得者に限った年間保険料の上限額の引き上げや、世代を問わず支払う消費税の増税など
  - ➡過度な受診控えを生み、患者の健康悪化を招くことのないよう、低所得者に配慮する

今後の医療保険制度のあり方として国民皆保険を取りやめるという提案が受け入れられる余地はまったくないため、国民皆保険を維持していくための課題を書くべきである。薬剤費の抑制だけでなく、外来受診時の窓口負担に一定額を上乗せする受診時定額負担の導入を取りあげることも可能である。

🦉 合格点まであと一歩の答案例

● 第1段落

今後の医療保険制度のあり方として、社会保障の安定財源を確保するため、税収の増減が少ないとされる消費税の税率をさらに引き上げていく必要がある。日本は、他国にくらべると社会保障給付にたいする国民負担率が低いため、社会保障支出と国民負担のバランスをとるべきである。

● 第2段落

また、働く意欲のある高齢者には元気に働いてもらうことにより社会保障制度の支え手を増やして保険料や税金の収入を確保していくことも重要である。結果として、医療や介護の費用増加を抑えることもできる。そのためには、高齢者の健康寿命を延ばすために医療や介護による予防を強化し、国としても高齢者の就労環境の整備に力を注ぐことが求められる。

● 第3段落

さらに、介護保険制度については、要介護1・2の人にたいする生活援助サービスを全国一律の介護保険サービスから切り離して市町村事業に移行することや、介護サービス利用時の自己負担が2割や3割となる対象者を拡大していかなくてはならない。

(407字)

全体を通じた コメント

　この答案は、本問が「医療保険や介護保険を今後維持していくための課題について、400字程度で書きなさい」であったとすれば十分に「合格点がもらえる答案例」として取りあげられる内容である。

　ただし、介護保険は社会保険の一種として医療保険と並ぶしくみであるから、第3段落の内容は設問意図からはずれている。

　一方、第2段落までの内容は、国民皆(かい)保険を今後も維持していくための課題として適切な内容であるので、ぜひ参考にしてもらいたい。消費税率の引き上げや高齢者の雇用拡大、高齢者の健康寿命を延ばすための医療や介護による予防強化は、いずれも今後の医療保険制度のあり方を考えていくために必要な論点である。

答案例へのコメント

→❶：◎　消費税をさらに上げていくべきであるという提案は、国民全体から財源を確保していくあり方として十分に認められる。

→❷：△　たんに他国と比較した事実を指摘するだけではやや弱い。「現在の給付水準を維持するにはさらに重い税負担は避けられない」などの強い理由づけが必要である。

→❸：◎　元気な高齢者を増やして負担を抑え、労働者として保険料を確保していくという発想も間違っていない。

→❹：×　どちらも、介護保険制度を維持していくための提案としては適切な内容であるが、医療保険とは無関係である。出題意図からはずれた部分は採点の対象にはならないので、注意してほしい。

神髄 ㉙　用語の定義を正しく理解して答案を書きあげよう！

😊 合格点がもらえる答案例

課題の提示と背景説明

今後の医療保険制度のあり方として、国民皆保険を維持していくためには薬剤費の抑制に努めることが大切である。医療の進歩により、難病にたいして効果を発揮するバイオ医薬品が開発されるようになったが、開発費がかさむため高額となっている。こうした薬を日本で利用する場合、高額療養費制度によって患者の自己負担には上限が定められているため、医療財政への影響が懸念される。

市販薬の類似薬を保険給付の対象外に

いざというときに高額な薬を使えるようにするために、市販薬として販売されている医薬品は保険給付の対象とすべきではないだろう。これらの薬を安く入手するために患者が病院で受診するケースもあることから、医療費をさらに抑えることが期待できる。

財源確保の方策の検討

また、高所得者に限った年間保険料の上限額の引き上げや、世代を問わず支払う消費税の増税など、財源確保の方策について検討していく必要がある。ただし、負担増が過度な受診控えを生み、患者の健康悪化を招くことのないよう、低所得者対策は常に考慮しなくてはならない。

(400字)

全体を通じた コメント

　取り組むべき理由や具体的な提言が十分に説明できており、高く評価できる答案となっている。

　文章の前半では、効果は高いもののきわめて高額な治療薬の登場が相つぐことにより高額療養費制度によって医療保険財政が圧迫されるという懸念があることを、薬剤費の抑制に努めるべきであるという理由づけとして効果的に用いることができている。

　そして、後半では、社会保障と負担のあり方の見直しという観点から、持続可能な財源確保の方策について具体的に提示できている。また、低所得者の切り捨てにつながらないような配慮の必要性について言及できている点もよい。

答案例へのコメント

➡❶：○　取り組むべき課題について最初にはっきり示せている。

➡❷：◎　高額薬品の開発が薬剤費の抑制と相反することをわかりやすく説明できている。

➡❸：◎　「高額療養費制度」という医療保険の特徴をふまえながら、医療財政への影響を指摘できている。

➡❹：○　市販薬として販売されている医薬品を保険給付の対象からはずすべきであるという具体的な提案ができている。

➡❺：◎　むだな受診を抑制できるという効果についても示せている。

➡❻：◎　国民皆保険の維持に向けて避けては通れない、財源確保の方策について具体的に説明できている。

➡❼：◎　負担増が必要な治療の中断につながることのないよう、低所得者にたいする配慮の必要性について示せている。

神髄
30
医療費削減には、薬剤費の抑制も効果的！

テーマ16

地域完結型医療

地域医療体制の再構築は待ったなし！　　　頻出ランク ★★★☆☆

⚡これがテーマの神髄だ！

★ 地域完結型医療をめざして

- 救命や完治を前提とした「病院完結型」→ P.219 の「治す医療」ではなく、「生活の質」である QOL → P.219 の維持・向上をめざす「地域完結型医療」→ P.219 が求められる
  - ➡ 病床（びょうしょう）の削減や、地域で似た役割の病院の統合に取り組むことによって、医療費の削減や、医師の長時間労働の是正につながる

★ 進まない地域医療構想

1. 全国の多数を占める民間の病院が協議に参加していない
2. 公立・公的病院も、利害関係がからむため十分な議論なし
   - ➡公立・公的病院全体の約3割は統廃合などを含めた検証が必要だという結論を、具体的な病院名を示して公表
   - ➡病院を残したい住民の不安や自治体の反発は大きい

★ かかりつけ医によるプライマリ・ケアの重要性

- 国民が医療をどう考え、何を求め、どう動いていくかが大切
  1. どんな患者にたいしても適切な初期対応を施すプライマリ・ケア → P.224 を担う、身近にいて日ごろからなんでも相談できるかかりつけ医 → P.224 の普及
  2. 診療情報提供書 → P.225 なしで大病院を受診した患者に定額負担を義務化

テーマ［解説］

実際の出題例を見てみよう！ →解答・解説は p.227 ～

出題例

　「病院完結型」医療から「地域完結型」医療への転換とは何かを説明し、変化を進めるための課題も含め400字程度で書きなさい。

（福井大学・医学部看護学科／改）

◆ 地域完結型医療をめざして

> 先日、骨折で入院した友人のお見舞いに行ったら、高齢者がほんとうに多くて驚きました。

　厚生労働省が2022年に発表した「患者調査」によると、入院している患者数のうち65歳以上は約74.7％を占めています。しかもこのうち12.1％は退院可能な状態にある患者であり、退院できるのに自宅や施設などの受け入れ態勢が整わず入院したままになっているのです。

　高齢者には、<ruby>糖尿病<rt>とうにょうびょう</rt></ruby>や高血圧に代表されるような、長期間にわたって治療が必要な病気である<ruby>慢性疾患<rt>まんせいしっかん</rt></ruby>の患者が多く、こうした病気にたいしては救命や完治を前提とした「病院完結型」の「治す医療」ではなく、病気と共存しながら肉体的な苦痛を軽減し、精神的・社会的・経済的活動を含めた満足度を高めるといった「生活の質」である**QOL**（クオリティー・オブ・ライフ）の維持・向上をめざす「生活を支える医療」への転換が求められています。つまり、大病院中心の医療ではなく、患者の住み慣れた地域や自宅で生活を続けていくのに

テーマ 16　地域完結型医療　219

必要な医療や介護、地域の支えといった地域完結型医療が今後めざすべきあり方であるとされているのです。こうした考え方は、政府に設置されていた「社会保障制度改革国民会議」が2013年に発表した報告書に大きくかかげられ、問題意識が高まってきたものです。

　日本は、他国とくらべて人口1人あたりの病床数は多いのですが、病気やけがによる症状が急激に表れる急性期向けにかたよっており、在宅復帰に向けた医療やリハビリテーションが必要とされる回復期、長期の療養が必要とされる慢性期といった病状ごとの病床の機能分担が不明確であるという問題をかかえています。そのため、高機能な病院に状態が落ち着いた患者が長く入院しつづけて医療費のむだづかいが生じていると指摘されるだけでなく、新たな救急患者を受け入れられないといった事態も起きているのです。さらに、病床あたりの医師や看護職員数が国際標準よりも少なく過剰労働が常態化しているため、医療事故のリスクを高める要因ともなっています。

　こうした問題を解決していくためには、急性期医療を中心として人的・物的資源を集中的に投入し、急性期の病床における入院期間を短縮することが大切です。そして、回復期の受け皿となる地域の病床や在宅医療・在宅介護を充実させることにより、病院・地域の診療所・介護施設といった地域医療における提供体制のネットワークを構築していくことが求められています。このことにより、これまで1つの病院にいつづけざるをえなかった患者が、病状に見合った医療施設や介護施設、在宅へと移動していくことができるようになるのです。

　さらに、医療費の削減に向け、使われていない病床の削減や地域で似た役割の病院の統合に取り組む必要もあります。厚生労働省によると、高齢化や人口減少が進んでいくことにより多くの地域では医療需要が減少していくため、2025年に必要な入院病床数は、2018年時点より5万床ほど少ない119万床と推計されています。このうち、入院医療費が高い高度急性期・急性期の病床数は40万1,000床と推計しているのですが、2021年度に全国の医療機関から報告された病床数は

急性期54万9,000床と供給過多の傾向にあります。地域に必要以上の病床があると、患者の奪い合いや採算を合わせるための長期入院につながりやすいことから、国の地域医療構想に沿った病床の削減が実現されると、入院医療費を3兆円抑制できるという試算もあります。また、再編や統合によって複数の医師による診療体制を整えられれば、医師の長時間労働の是正、つまり医師の働き方改革にもつながります。

地域完結型医療への転換は、少子高齢化 →P.177 に対応した医療体制としてぜひとも取り組むべきだと思います！

国も重要性の高さは認識していて、2014年に医療介護総合確保推進法を成立させ、病床機能報告制度を導入して、先ほど触れたように病床機能を、急性期、回復期、慢性期、救命救急病棟や集中治療室などで診療密度がとくに高い医療を提供する高度急性期の4つに区分し、各病院から、現在の機能と、今後どういった機能をはたそうとしているかという方向性を都道府県に報告するよう義務づけました。

そして、全国を339の構想区域に分け、将来人口推計をもとに2025年に必要となる病床数を4つの病床機能ごとに推計し、構想区域ごとに設置した地域医療構想調整会議における地域の医療関係者の協議を通じて、地域の事情に応じた病床の機能分化と連携を進める地域医療構想をかかげたのです。その結果、2016年度中にすべての都道府県で地域医療構想が策定されました。さらに、消費税の増収分などを活用して病床の再編や在宅医療の推進計画に応じて財政支援を行なうための地域医療介護総合確保基金が各都道府県に設置されました。

ずいぶんと大がかりな改革に取り組んできたんですね。その改革は、2025年に向けて順調に進んでいるのですか？

◆ 進まない地域医療構想

それが、そうでもないのですよ。

まず、こうした地域の医療全体の再編に取り組むには、国や都道府県などの公立・公的病院だけでなく、民間の病院にも協力してもらう必要があります。とくに、公的所有の病院が中心となっている欧米とくらべ、日本では医師が医療法人を設立し、民間資本で病院などを経営する私的所有が中心となっているために民間病院の割合が高く、厚生労働省が発表した2021年医療施設調査によると、全国に8,205ある病院の中で、国や都道府県などの公立・公的病院が占める割合は18.5％しかないのです。

ところが、病床（びょうしょう）の削減に向けた協議にたいして遅くとも2018年度末までに民間の病院も参加することが求められていたにもかかわらず、2018年度末までに参加していた割合はわずか0.4％にとどまっており、76％が参加していた公的病院と大きな開きが出ています。日本と同じく税金と個人負担で医療費を賄うドイツでは、地域で診療科ごとに開業数を制限しているのですが、日本にはそうした制約はなく、民間病院の経営に国がむやみに介入することはできません。そのため、民間の病院の自主的な対応にゆだねるしかなく、壁にぶつかっています。

また、公立・公的病院の再編も難航しています。全国の公立病院のうち7割程度が赤字で、自治体から総額年約8,000億円の繰入金（くりいれきん）が入っており、地方財政を圧迫しています。このため、公立・公的病院にたいしては、小児科や産婦人科、医療の確保が困難である地域に向けた

へき地医療といった採算の合わない医療に重点化することを前提として集中的に検討することを要請していたのですが、地域医療構想調整会議における議論は、利害関係がからむためにどうしても十分には議論されなかったのです。結果として、出てきた計画もほぼ現状維持のものばかりで、期限とした2019年3月までに大きな進展はありませんでした。とくに、民間病院の少ない地方では公的病院が住民の健康を支えてきた歴史があり、自治体のトップである首長がリーダーシップを発揮して統廃合を進めるという気運は高まりませんでした。

　こうした状況を打開すべく、厚生労働省は、高度急性期・急性期の病床をもつ公立・公的病院の診療実績について、「がん」「心疾患」「脳卒中」「救急」「小児」「周産期」「災害」「へき地」「研修・医師派遣」の9つの機能について、2017年度の手術・治療件数の診療データを人口規模ごとに分析しました。その結果、すべての項目で実績が「ない」か「特に少ない」とされたのが277病院、同程度の実績がある病院が車で20分以内の近距離にあるとされたのが147病院となり、これら公立・公的病院全体の約3割にあたる424病院は、病床の削減や夜間救急の受け入れ中止、急性期からリハビリ病床などへの転換、ほかの病院との連携、診療科や病院機能の集約化、そして統廃合などを含めた検証が必要だという結論を、具体的な病院名を示して2019年にはじめて公表したのです。さらに、法的な強制力はないものの、2020年9月までに各病院にどのように対応していくか結論を出すよう促し、再編が進んでいない場合は理由の説明を求めていく方針を示しました。

　しかし、地元事情を考慮することなく機械的に対象病院を絞り込んだことにたいして、身近な病院を残したい地域住民の不安や自治体からの反発は大きく、公立・公的病院からは大半を占める民間病院に手をつけないのは問題だという不満の声も上がっています。さらに、「再編統合の議論が必要」と位置づけてきた多くの公立病院や公的病院が新型コロナウイルス感染症 → P.246 への患者受け入れを担ったこ

第4章

とから必要性の認識が強まり、再編統合の議論は先送りという方針になったのです。

　とはいえ、実際に再編・統合にふみきった地域では、手術件数や救急搬送患者の受け入れ増加、病床の利用率上昇、症例の増加や研修機能の向上による若手医師の確保など、メリットも多く表れました。政府が進める働き方改革の進展もふまえると、地域医療構想を進めていく必要性そのものは否定できないでしょう。

地域住民の不安もよくわかりますが、かといって医療崩壊という事態だけはなんとしても避けなくてはいけませんね……

◆ かかりつけ医によるプライマリ・ケアの重要性

　そのとおりですね。限られた医療資源を適切に活用していくうえで、医療提供者だけでなく、医療を受ける国民がどう考え、何を求め、そしてどう動いていくかが大切です。日本の病院では、入院だけでなく病院へ通って診療を受ける外来患者への診療も行ないます。しかし、これは世界的には珍しく、欧米では病院はあくまで入院機関であって、基本的には外来患者を受けつけていません。日本の医療は、小さな診療所から大学病院まで患者が自由に受診先を選べる「フリーアクセス」→P.206 とよばれるしくみをとってきているため、「大病院のほうが信頼できる」と思った患者は軽症であっても大病院に向かいがちで、結果として勤務医の激務につながっています。

　こうした事態に歯止めをかけるため、2つの施策が講じられています。まずは、どんな患者にたいしても適切な初期対応を施すプライマリ・ケアを担う、身近にいて日ごろからなんでも相談できるかかりつけ医の普及です。かかりつけ医は、どこか調子が悪いといった軽症段階で診断を行なうだけでなく、健康にかかわるあらゆることを幅広く

相談でき、一方で必要なときには専門医療機関を紹介するといった、地域医療の中心を担う身近なサポーターです。2023年には、かかりつけ医の機能が「身近な地域における日常的な医療の提供や健康管理に関する相談等を行う」と法律に明記されることとなりました。

たとえ大きな手術を受けたとしても術後の回復過程ではかかりつけ医に診てもらうといったように、長年にわたって支えてもらえる医師が身近にいることは大きな安心につながるはずです。とくに、複数の慢性疾患をかかえることの多い高齢者にとっては、長時間かけて大きな病院に出向いたり、直接それぞれの専門医に診てもらったりするよりも負担が軽減されることでしょう。こうしたかかりつけ医の存在の意義を多くの人が認識し、まずはかかりつけ医に診てもらい、専門的な治療が必要ならば病院を紹介してもらうという習慣を広げていく必要があります。

もう一つは、かかりつけ医が紹介先の診療科や医療機関に向けて患者の情報を伝える診療情報提供書なしで大きな病院を受診した患者に定額負担を義務化する制度です。これは、原則1～3割の窓口負担とは別に、初診で5,000円以上、再診で2,500円以上を徴収するしくみで、2016年度に導入されました。軽症患者にかかりつけ医への受診を促し、大病院などが専門性をいかした治療に集中できるように役割分担を進めることが目的です。2016年度は500床以上の病院が対象でしたが2020年度からは200床以上に拡大され、2023年10月からは外来機能の明確化・連携を強化し、患者の流れの円滑化を図るために都道府県ごとに決定される「紹介受診重点医療機関」も対象となります。さらに2022年10月からは、初診が7,000円以上、再診が3,000円以上に引き上げられました。

ただし、いくら負担を増やしたとしても、患者が「大病院のほうが信頼できる」と思いつづけるかぎり、民間の保険を活用したり貯金を切り崩したりして、軽症であっても大病院に向かうという行動を控えることはないでしょう。

また、残念ながら、かかりつけ医の育成もまだ十分とはいえません。1993年から日本プライマリ・ケア学会による認定医制度が始まり、プライマリ・ケア専門医や家庭医療専門医を認定してきましたが、ようやく総合診療領域を「基本領域」として加えることが国として決まり、2018年からは日本専門医機構による総合診療専門医制度がスタートしました。また、日本医師会でも2016年から地域住民から信頼されるかかりつけ医機能の能力を維持・向上するための日医かかりつけ医機能研修制度を設けて普及をはかっています。さらに、健康管理の相談、在宅医療や介護職との連携、ほかの医療機関との連携による24時間対応、必要に応じた専門医の紹介など、かかりつけ医に求められる機能をもつ診療所にたいしてははじめて受診した患者の初診料が3割増える機能強化加算を2018年から導入して、国もかかりつけ医を増やそうと支援しています。

　まずはかかりつけ医をしっかり育成し、地域に頼りになる存在として定着させていく必要があります。その一方で、すでに活躍している地域の医師の存在が知られていないという現実もあるため、インターネットで一括して調べられるポータルサイトを構築するなどしてわかりやすく情報提供を行ない、地域の医師と国民を結びつける取り組みも必要でしょう。2023年には各医療機関が担えるかかりつけ医の機能を都道府県知事に報告し、そうした情報をわかりやすく提供する方針が定められましたので、その効果が注目されます。

出 題 例 の [解答・解説]

出 題 例 再録

　「病院完結型」医療から「地域完結型」医療への転換とは何かを説明し、変化を進めるための課題も含め400字程度で書きなさい。

構想メモを書いてみよう!

「病院完結型」医療から「地域完結型」医療への転換とは	用語の定義

- 救命や完治を前提とした「病院完結型」の「治す医療」から、患者の住み慣れた地域や自宅で生活を続けていくのに必要な医療を提供する「地域完結型」の「生活を支える医療」へ

「地域医療構想」の推進	メリットを住民に説明する

- 医療費の削減、医師の長時間労働の是正、救急患者の受け入れ拡大
  - ➡地域医療構想でかかげた病床の機能分化や統廃合の推進

かかりつけ医の育成	国民の受診習慣の変革

- プライマリ・ケアを担うかかりつけ医の育成をはかる
  - ➡まずはかかりつけ医に診てもらい、専門的な治療が必要ならば病院を紹介してもらうという習慣を広げていく

　前半は、「病院完結型」医療から「地域完結型」医療への転換とは何かという用語の定義を示しつつ、慢性疾患をかかえがちな高齢者を地域で支えていく医療への転換を中心に説明する。後半では、地域医療構想の推進と、かかりつけ医の育成の重要性を打ちだす。

第1段落

①「地域完結型」医療をめざすための課題は2つある。1つめは、民間病院を巻き込めないということである。②民間病院が占める割合が高い日本では、抜本的な地域の医療体制の再編には民間病院の協力が不可欠だが、経営面での損失を生みだしかねない議論への参加には及び腰となっている。③民間病院の経営に国がむやみに介入することはできないため、自主的な対応にゆだねるしかない状況である。

第2段落

2つめは、公立・公的病院の再編にたいする地域住民の不安や自治体からの反発である。④医療費の削減や医師の長時間労働を是正する重要性は理解しつつも、いざ自分たちの地域にある病院が統廃合されるとなると、利便性の低下を防ごうとする思いが全面に出てきてしまう。首長としても、リーダーシップを発揮して統廃合を進めるメリットは地域だけのことを考えると見いだしにくく、議論が進んでいない。

第3段落

⑤やはり、地域が中心となってていねいに合意を形成していくことが大切である。

(401字)

全体を通じた コメント

2つの大きな問題点があることを除けば、内容としては比較的よく書けている答案である。「地域完結型」医療体制の整備が進まない理由として提示された2点はいずれも指摘のとおりであり、民間の病院や地域といった利害関係者の事情をしっかりおさえられているといえる。

まず1つめの問題点は、『『病院完結型』から『地域完結型』医療への転換とは何か」が説明されていない点である。設定された問いには明確に答えなければならない。

2つめの問題点は、当たりさわりのない結論でお茶を濁してしまっている点である。「地域完結型」医療の必要性は明確であり、実現に向けた実効性のある道筋を示すべきだった。

答案例へのコメント

➡❶：✗ 「課題は2つ」とはっきり示しているのはよいのだが、いきなり後半の問いにたいする記述から始めてしまったのは致命的。

➡❷：○ 民間病院が占める割合が高いという特徴が示せている。

➡❸：○ 民間にたいする国の介入の限界をしっかり理解できている。

➡❹：◎ 公立・公的病院の再編が進まない地域の事情をわかりやすく説明できている。

➡❺：△ 地域のていねいな合意形成はたしかに重要ではあるが、少子高齢化の進展にともない従来の医療体制の維持が困難になっていることは明白であり、このまとめでは、結局は現状維持に近い結論がくり返されているだけとしか伝わってこない。

神髄
㉛

重要な課題に、無難なまとめで逃げてはならない！

😊 合格点がもらえる答案例

・「病院完結型」医療から「地域完結型」医療への転換とは

　　高齢化が著しく進展し、少子化によって人口減少が進んでいくこれからの日本において、救命や完治を前提とした「病院完結型」の「治す医療」では、限られた医療資源を有効にいかすことができない。そのため、慢性疾患をかかえることが多い高齢者を念頭におき、患者の住み慣れた地域や自宅で生活を続けていくのに必要な医療を提供する「地域完結型」の「生活を支える医療」が、これからめざすべきあり方である。

・「地域医療構想」の推進

　　こうした医療体制への転換をはかるために、国や自治体は医療費の削減や医師の長時間労働の是正、さらには救急患者の受け入れ拡大といったメリットをていねいに説明し、「地域医療構想」でかかげた病床の機能分化や統廃合などを推し進めていかなくてはならない。

・かかりつけ医の育成

　　さらに、プライマリ・ケアを担うかかりつけ医の育成と地域への定着をはかることで、まずはかかりつけ医に診てもらい専門的な治療が必要ならば病院を紹介してもらうという習慣を広げていく必要がある。

(404字)

全体を通じた コメント

　本問では、400字という限られた字数の中で、3つの課題について答えなければならない。

❶ 「病院完結型」医療とは何か
❷ 「地域完結型」医療とは何か
❸ 「地域完結型」医療への転換を進めるための課題

　この答案は、それぞれの課題についてバランスよく書けている。また、❸について、後ろ向きな説明や抽象的な理念でかわすことなく、地域に短期的なデメリットが生じたとしても長期的にはメリットが大きいことを説明し、政策を推進していく必要性を訴えることに成功している。

　さらに、プライマリ・ケアを担うかかりつけ医の重要性といった、患者が適切な医療を選択する前提となる条件についても言及できていて、主要な論点がカバーできている。

答案例へのコメント

➡❶：◎ 「病院完結型」医療について定義できているだけでなく、どうして転換が求められているのかという背景まで説明できている。

➡❷：○ 「地域完結型」医療は慢性疾患（まんせいしっかん）をかかえがちな高齢者に向けた「生活を支える医療」であると定義できている。

➡❸：◎ 地域医療構想の推進の重要性をふまえ、国や地方自治体に主導的な役割をはたすよう強く求める姿勢に好感がもてる。

➡❹：◎ 地域医療の中心的役割をはたす、かかりつけ医育成の重要性を指摘できている。

➡❺：○ 国民の受診習慣の変革が重要であるという視点が示せている。

神髄 ㉜

現状を打開する力強い提言を打ちだしていこう！

地域包括ケアシステム

ご近所の底力を強めていけるか　　　　頻出ランク ★★★★☆

これがテーマの神髄だ！

★ 地域包括ケアシステムの構築に向けて

- 地域包括ケアシステム →P.234：高齢者が住み慣れた地域で自分らしい暮らしを人生の最後まで続けることができるよう、地域によって一体的に支援やサービスが提供されるあり方

★ 地域包括ケアシステムを構成する5つの要素

- 医療・看護／介護・リハビリテーション →P.235 ／保健・福祉／介護予防・生活支援／すまいとすまい方

★「自助・互助・共助・公助」

- 地域包括ケアシステムが機能するには4つの連携が不可欠

★ 地域包括支援センターの役割

- 地域包括支援センター →P.237：高齢者が住み慣れた地域で暮らしつづけられるようにするための、日常生活や医療・介護、財産管理や虐待などの問題解決や、見守りなどの生活支援サービスといった総合的な支援を中心的に担う存在

★ 地域包括ケアシステムの課題

❶ 医療と介護の連携不足
❷ 介護の担い手不足
❸ 広まらない住民参加
　➡ 2040年を考えると、発想自体に無理があるという指摘も

テーマ ［解説］

実際の出題例を見てみよう！

➡解答・解説は p.241～

出題例

　地域包括ケアシステムの中で医師が果たすべき役割について、400字程度で書きなさい。

（富山大学・医学部／改）

◆ 地域包括ケアシステムの構築に向けて

　先生、テーマ16 では回復期の受け皿となる在宅介護を充実させることが重要だという話題が出ていたと思うのですが、くわしく説明してくださいませんか？

　テーマ16 でも触れたとおり、医療費を可能なかぎり抑制して医療資源を有効に活用するには、慢性疾患をかかえがちな高齢者がいつまでも病院に長期入院する事態をそのままにしておくべきではありません。

　そもそも、容態が急変して救命救急病棟や集中治療室などで診療密度がとくに高い医療を受けるような高度急性期 →P.221 を迎えたために病院で亡くなるのは致し方ないとしても、末期がんや認知症 →P.93 や慢性疾患などをかかえた高齢者がゆるやかに人生の終わりに近づいていく場としてはたして病院が最適なのかどうかという問題もあります。2018年に厚生労働省から発表された「人生の最終段階における医療に関する意識調査」によると、「人生の最終段階において、医療・療養を受けたい場所」として、末期がんの場合は「自宅」が47.4％、認知症が進行した場合は「介護施設」が51.0％選ばれてい

ます。その一方で、日本では依然として病院で最期を迎える人の割合が高く、2018年の「人口動態調査」によると、その割合は72％にものぼります。

こうしたことから、持続可能な医療体制を維持していくという財政や医療の視点からも、また「これまでの人生にもとづいて、生命がつきるその瞬間まで自分にとって最善の生を生きることができるための支援」という人生の集大成を支えるかかわり方としての**エンドオブライフ・ケア** → P.85 の視点からも、さらには高齢化の進展により認知症高齢者をはじめ65歳以上の単独世帯や65歳以上の夫婦のみの世帯が増えていくという社会構造の変化の視点からも、<u>自宅や介護施設など、住み慣れた地域の中で生活を支える体制の構築はすべての国民にとって急務となっている</u>といえるでしょう。

政府は、「第一次ベビーブーム」 → P.180 とよばれる、1947 ～ 49年に生まれた「団塊の世代」 → P.180 の人すべて（全人口の2割近くである約2,200万人）が75歳以上の後期高齢者 → P.195 となる2025年をめどに、高齢者が住み慣れた地域で自分らしい暮らしを人生の最期まで続けることができるよう、地域によって一体的に支援やサービスが提供される地域包括ケアシステムの構築に取り組んでいます。

地域包括ケアシステムは、広島県御調町（現在の尾道市）で展開されてきた、公立病院を核として医療・保健・福祉を連携させた取り組みがモデルとなっています。2014年に成立した**医療介護総合確保推進法**において、24時間の巡回サービスや往診、**訪問看護**を受けられる地域包括ケアシステムの構築が定められ、市町村による3年ごとの**介護保険事業計画**の策定・実施を通じて、地域の自主性や主体性にもとづき、地域の事情に即した体制を整えていくことをめざしています。

なお、ここでいう「地域」とは、「おおむね30分以内に必要なサービスが提供される日常生活圏域」のことです。

「地域包括ケアシステム」という言葉は、なんとなく聞いたことがあります。中身について教えてください！

◆地域包括ケアシステムを構成する5つの要素

　厚生労働省は、地域包括ケアシステムを構成する要素を5つ示しています。2012年に第一案が提示され、2015年に以下のように見直されました。

❶　医療・看護

　高齢者にたいし、病状に適した医療のサービスを提供する体制の整備が求められます。

❷　介護・リハビリテーション

　身体機能や認知機能の低下にともなう日常生活の支障にたいして、可能な限り機能の回復をはかりつつ自律の尊重とともに支援を行なっていくことが必要です。

❸　保健・福祉

　健康管理や健康指導などを通じて、健康意識の向上やセルフマネジメントの知識を住民に広めていく「保健」の役割や、社会的孤立や貧困問題などの社会的課題と向き合う「福祉」の役割が重要になってきています。

❹　介護予防・生活支援

　健康を維持し地域で暮らしつづけるために、要介護状態にならないというだけではなく、地域の中で社会参加することも介護予防に含まれます。また、生活支援は、尊厳ある生活が継続できるように食事の準備などサービス化できる支援から、近隣住民の声かけや見守りなど

の形式ばらない支援までを幅広く、多様な担い手によって支え合うものです。

❺ すまいとすまい方

生活の基盤として必要な「すまい」が整備され、本人の希望と経済力に見あった「すまい」方が確保されていることが前提です。さらには、高齢者のプライバシーや人間としての尊厳が十分に守られた住環境を実現する必要があります。

そして、5つの構成要素には含まれないものの、どのような生活を送っていきたいかという本人の選択が最も重視されるべきであり、家族が本人の選択を受け止めて本人のQOL（クオリティー・オブ・ライフ）→P.193・219 を尊重することが重要であることから、本人の選択と本人・家族の心がまえがシステムの土台にあるとされます。

地域包括ケアシステムは、本人の意思を尊重しながら多様な担い手が支えていくあり方なんですね。

◆ 「自助・互助・共助・公助」

こうした支え合いの基本となる考え方として、「自助・互助・共助・公助」というものがあります。

まずは、自分の健康や生活を豊かにするために努力する「自助」が大切です。そして、自分を支える限界を超えてしまう部分にはできるだけ「互助」で対応し、「互助」だけでは解決できない問題にたいしては「共助」を活用する。それでも克服できない深刻な問題には、「公助」の助けを求めるのが理想ですね。

健康診断を受けるなど、
介護予防活動に積極的に
取り組む
家族による対応
自費で介護保険外の
サービスを利用

費用負担が制度的に
保障されていない町会・
自治体などのボランティア
などの自発的な支援

自助 互助
共助 公助

医療や年金、
介護保険や社会保険など
制度にもとづく相互負担により
成立する助け合い

生活保護や市区町村が
実施する福祉事業といった
税による負担で成立する
サービス

4つの「助」のうち、地域包括ケアシステムが
とくに力を発揮できるのは「互助」なのではな
いでしょうか？

◆ 地域包括支援センターの役割

　そうかもしれません。ただし、助け合う気持ちはあってもどのように助ければよいのかわからない場合も多くあると思います。やはり、地域包括ケアシステムがうまく機能するためには「自助・互助・共助・公助」の連携が不可欠でしょうね。

　実際、高齢者が住み慣れた地域で暮らしつづけられるためには幅広い支えが必要であり、日常生活や医療・介護だけでなく、財産管理や虐待 などの問題解決や、見守りなどの生活支援サービスを提供していく必要もあります。そうした総合的な支援を中心的に担う存在として、2005年に改正された介護保険法によって創設されたのが地域包括支援センターです。原則として各市区町村に少なくとも1か所は設置されており、全国では5,000か所以上あります。

包括的な支援事業を適切に実施するため、地域包括支援センターには原則として保健師、福祉や医療にかんする相談援助に必要な専門知識をいかして日常生活が困難な人を支援する専門職の社会福祉士、要介護者向けの介護サービス計画書であるケアプランを作成し介護のサービスが必要な人とサービス事業所との調整役を担うケアマネジャーを統括する主任介護支援専門員がおかれます。

　また、センターの役割には以下の4つがあります。

❶　総合相談・支援

　高齢者の生活上の困りごとにたいして総合的に相談に乗り、必要なサービスや制度を紹介します。また、その家族にたいしても在宅介護の悩みなどへの専門的な相談窓口として対応します。

❷　介護予防ケアマネジメント

　介護認定審査において、日常生活は基本的に自分で行なえるものの多少の支援が必要な状態である「要支援1・2」の判定が出た高齢者を対象として**介護予防ケアプラン**の作成支援を行ない、介護予防につながる介護サービスの利用をともに検討します。

❸　権利擁護

　認知症(にんちしょう)などの理由で判断能力が低下してきた高齢者を保護し、不当な契約や詐欺から守るための成年後見制度(こうけん)の活用をサポートします。また、虐待(ぎゃくたい)被害への対応や防止と早期発見を行なうべく、近隣住民などからの情報も受けつけます。

❹　包括的・継続的ケアマネジメント

　地域のケアマネジャーにたいして経験豊富な専門家がアドバイスを行なってサポートします。また、介護サービスに限らず、地域の保健・福祉・医療サービスや、公的機関や専門職以外の近隣やボランティア、**NPO**（非営利組織）などの**インフォーマルサービス**とのネットワークづくりを行ないます。

さらに、高齢者個人にたいする支援の充実と、地域に共通した課題を明確化して地域づくりや政策形成に反映させるための地域ケア会議を開催する役割も担っており、地域包括支援センターは、まさに地域包括ケアシステムの構築およびマネジメントを担う機関であるといえるでしょう。

　また、2018年度の介護保険法の改正によって、実施した事業にたいして全国統一の指標を用いた評価の実施と必要な措置の対策が義務化され、従来以上に役割が増しています。

しくみとしては素直にすばらしいなと思えるのですが、はたして十分に機能するかというと、課題もありそうですね……

◆ 地域包括ケアシステムの課題

　細かい課題はたくさんあるのですが、ここでは深刻なものを3つ取りあげたいと思います。

❶　医療と介護の連携不足

　地域包括ケアシステムにおいて重要なのが、医療と介護の連携です。高齢者が退院しても退院後の在宅医療や介護サービスが不十分だと、本人や家族が不安になって在宅生活を断念する要因となります。また、在宅医療を行なう場合にも介護情報が必要であり、迅速かつ緊密に情報交換を行なうことが大切です。

　しかし、医師とのコミュニケーションに苦手意識をもつケアマネジャーは少なくなく、介護への理解が乏しい医療関係者もいるため、「メンタルバリア」とよばれる目に見えない壁があるという指摘もあります。連携するには、関係者が顔を合わせる機会を増やし、個人的なつながりを深めておくことが重要です。

❷　介護の担い手不足

　介護職は平均的な業種にくらべて賃金が低いにもかかわらず、重労働や夜勤などの勤務条件の厳しさ、責任の重さもあって人手不足になっています。とくに、訪問介護分野の人手不足は深刻であり、国は賃金アップをはかっています。

❸　広まらない住民参加

　多くの住民が地域包括ケアシステムの存在を知る機会がなく、そもそも近所づきあいの希薄化が進んでいることから、近所での声かけや見守りが十分でないことも問題になっています。地域包括ケアシステムの考え方や近所で助け合うことの大切さを伝え、顔のみえる関係を着実に広げていくことが重要です。

　ただし、これらの課題は2025年を見据えたものであり、さらにその先の2040年を考えると、地域包括ケアシステム自体にそもそも無理があるという指摘があります。政府は2040年度の医療福祉分野の就業者数を試算しているのですが、合わせて1,065万人の就業が必要になる一方で、15歳以上の生産年齢人口が2022年の7,414万人から2040年には5,245万人に減少するため、十分に人材を確保することはいま以上に困難になります。

　しかも、80歳以上の高齢者は、2022年の1,239万人から2040年には1,578万人に激増するため、高齢者が住み慣れた地域で自分らしい暮らしを人生の最後まで続けるという地域包括ケアシステムの理念は成立しなくなるとみられているのです。

　むしろ、居住地域を中心部に集めたコンパクトシティや、自宅と医療機関などを直接結ぶスマートハウスを増やすなど、国民の「すまい方」を変えるべきだという考え方もあります。

出題例の[解答・解説]

出題例 再録

　地域包括ケアシステムの中で医師が果たすべき役割について、400字程度で書きなさい。

 構想メモを書いてみよう!

地域の中で果たすべき役割	QOLの維持向上とプライマリ・ケア

- 慢性疾患の患者が病気と共存しながらQOLの維持や向上をめざすための医療の提供
- 適切な初期対応を施すプライマリ・ケアを担う

かかりつけ医の普及	地域医療の中心を担う存在

- 健康について幅広く相談でき、専門医療機関を紹介できる医師
  - ➡長年にわたって支える医師が身近にいることは患者の安心に

介護職への理解と連携	退院後のケアの充実

- 介護職と迅速かつ緊密に情報交換を行なうことが大切
  - ➡個人的な信頼関係を強めておくことが重要

　最初に地域ケアシステムの中で医師が果たすべき役割は何かについて明示する必要がある。一つは慢性疾患の患者が病気と共存しながらQOLの維持や向上をめざすための医療、もう一つはどんな患者に対しても適切な初期対応を施すプライマリ・ケアである。この2つの役割を果たすうえで、かかりつけ医の普及と介護職との連携が重要な課題となる。書くべき内容がかなり限定されている出題といえるだろう。

合格点まであと一歩の答案例

第1段落

　地域医療を支えていくためには、どんな患者にたいしても適切な初期対応を施すプライマリ・ケアを提供する、身近にいて日ごろからなんでも相談できるかかりつけ医が重要な役割を担う。健康管理の相談、在宅医療の提供、ほかの医療機関との連携による24時間対応、必要に応じた専門医の紹介といったかかりつけ医に求められる機能は実に幅広い。とくに複数の慢性疾患を抱えることの多い高齢者にとっては、長時間かけて大きな病院に出向いていくよりも、自宅の近くに診療所をもつかかりつけ医に診てもらえる環境のほうが負担は軽減されるだろう。

第2段落

　ただし、残念なことにかかりつけ医の育成はまだ十分とはいえない。総合診療専門医制度がスタートしたのも最近のことであるため、医師側にも患者側にもかかりつけ医を地域の頼りになる存在として定着させていく必要がある。また、すでに活躍している地域の医師と住民を結びつけるような情報提供のしくみの構築も求められる。

(401字)

全体を通じた コメント

　この答案については、事実関係の誤った認識は何一つなく、「かかりつけ医に期待される役割と課題」という出題テーマにたいする答案としてみればおおむね合格ラインに到達しているといってよいだろう。
「合格点がもらえる答案例」とくらべて何が「あと一歩」なのかというと、「地域包括ケアシステムの中で」という条件をまったく無視しているような印象を与えてしまうところにある。医師は地域包括ケアシステムの主役ではなくサポーターの一員であるため、介護との連携については取りあげるべきであった。
　ほかのテーマでも書けてしまうような答案は、出題意図を十分にふまえられていないことの表れでもあるので、出題の中核をなす用語について正しく理解できていることを答案の中で明確に示す必要がある。

答案例へのコメント

➡️❶：△　地域医療にとってかかりつけ医の役割が重要となることはそのとおりなのだが、問題に設定された「地域包括ケアシステム」という言葉を用いていないのは印象がよくない。

➡️❷：◎　かかりつけ医の役割について、正しくくわしく説明できてよい。

➡️❸：△　多くの字数が割かれているが、医師の役割というよりは患者のメリットについての言及であり、答案に必要な内容とはいえない。

➡️❹：△　かかりつけ医の普及に向けた課題について書きすぎてしまっている。たとえ内容として間違っていなかったとしても、出題意図から外れた言及を続けていても得点には結びつかないので注意したい。

神髄
㉝

出題の中核をなす用語に結びつく文章を展開しよう！

・地域の中で果たすべき役割

地域包括ケアシステムの中では、慢性疾患の患者が病気と共存しながらQOLの維持や向上をめざすための医療の提供が求められる。また、どんな患者にたいしても適切な初期対応を施すプライマリ・ケアを担うことも重要な役割である。

・かかりつけ医の普及

そうした医療の提供には、かかりつけ医の普及が必要不可欠である。かかりつけ医は、健康について幅広く相談でき、必要なときには専門医療機関を紹介できるといった、地域医療の中心を担う存在となる。また、大きな手術をしたとしても、術後の回復過程ではかかりつけ医に診てもらうといったように、長年にわたって支えてもらえる医師が身近にいることは患者の大きな安心につながる。

・介護職への理解と連携

さらに、退院後のケアが不十分だと在宅医療を断念する要因となることから、介護職への理解と連携を深め、迅速かつ緊密に情報交換を行なうことが大切である。そのためには、関係者が顔を合わせる機会を増やし、個人的な信頼関係を強めておくことが重要である。

(402字)

全体を通じた コメント

　第1段落では、地域包括ケアにおける医師が果たすべき役割として、QOLの維持や向上をめざすための医療とプライマリ・ケアについて取りあげ、出題内容に正面から答えられている。

　続く第2段落では、そうした役割を担っていくために必要なかかりつけ医の普及についてくわしく説明できている。さらに第3段落では、高齢者が住み慣れた地域で自分らしい暮らしを人生の最後まで続けられるために、ともに支えていく存在となる介護職との連携について取りあげ、盛り込むべき内容が網羅されている。

　地域包括ケアシステムについては介護の視点から取りあげられることが多いが、かぎられた医療資源を有効に活用するためには、慢性疾患をかかえがちな高齢者がいつまでも病院に長期入院する事態の改善が不可欠であるため、医学部志願者も認識を深めておく必要がある。

答案例への コメント

➡❶：◎　長期間にわたって治療が必要な病気である慢性疾患の患者が多く存在する地域の事情がおさえられている。

➡❷：◎　高齢者を中心とした地域住民の容態急変に対応できる必要性が指摘できている。

➡❸：○　かかりつけ医に期待される役割についてくわしく説明できている。

➡❹：◎　医療のみならず、介護も地域包括ケアの中では重要な役割を担うという認識をふまえた役割が示せていてよい。

➡❺：○　医師と介護職との「メンタルバリア」とよばれる目に見えない壁を取り除いていくための取り組みについて触れられている。

神髄 34

日常生活を維持するための医療こそが地域での医師の役割！

テーマ 18

新型コロナウイルス感染症❶

パンデミックとの壮絶な闘い　　　頻出ランク ★★★★★

これがテーマの神髄だ!

★ 新型コロナウイルスとは?

- 新型コロナウイルス P.247 : ヒトへの病原性(びょうげんせい)を有する 7 番めの
  コロナウイルスとして 2019 年に出現

★ 新型コロナウイルスの感染と防止策

- 接触感染、飛沫感染(ひまつ)、空気感染など
- 「PCR 検査」 P.251 とよばれる遺伝子検査(いでんし)で感染を確認する

★ 新型コロナウイルス感染症拡大の経緯

- 2019 年 12 月:中国で原因不明のウイルス性肺炎発症(はいえん)が相つぐ
- 2020 年 2 月:日本国内初の新型コロナウイルスによる死者確認
  　　　　　3 月:世界保健機関(WHO)が「パンデミック」と表明
  　　　　　4 月:政府から緊急事態宣言が発令される
  ➡その後、従来株(かぶ)よりも感染力の高い変異株が猛威を振るう
- デルタ株:感染力の高さと重症化しやすい特徴をもつ変異株
- オミクロン株
  　:デルタ株よりもさらに感染力が強い。重症化リスクは低いとされる
- 感染症の予防及び感染症の患者に対する医療に関する法律
  　:新型コロナウイルス感染症の危険度と対策措置を制定
  ➡季節性インフルエンザなどの「5 類」に引き下げが決定
  　入院勧告や外出自粛要請、緊急事態宣言は出せなくなる
  　患者の診療は一般の病院や診療所も含めて対応する
  　基本的な感染対策は個人や事業者の自主的な判断に委ねられる

出題例

　新型コロナウイルス感染症の感染症法上の位置づけが 5 類感染症に変更されることをふまえた基本的感染対策の考え方について、400 字程度で書きなさい。

（岡山大学・医学部保健学科／改）

◆ **新型コロナウイルスとは？**

> 新型コロナウイルス感染症拡大の影響で生活が一変してしまいました。新型コロナウイルスについてあらためて教えてください。

　新型コロナウイルスの正式名称は、国際ウイルス分類委員会が名づけた「SARS-CoV-2（重症急性呼吸器症候群型コロナウイルス）」です。また、このウイルスが原因となって起こる疾患の正式名称は、世界保健機関（**WHO**）によって「**COVID-19**（新型コロナウイルス感染症）」とされました。アメリカのジョンズ・ホプキンス大学が集計してきた世界の感染者数のデータの2023年3月10日最終更新によると、感染者は6億7,657万149人、死者は688万1,802人となっています。

　そもそもウイルスとは、DNA（デオキシリボ核酸）やRNA（リボ核酸）のような遺伝子とそれを囲むタンパク質の殻しかもたない、20〜300nmといった極小の構造体のことです。ウイルスは、細菌とは異なり細胞分裂によっては増殖しません。また、ウイルスは粘膜に入り込むことはできますが、健康な皮膚には入り込むことができず、表

面に付着するだけだとされています。

　RNAは、細胞の機能の中心的な役割を担うタンパク質の合成や遺伝子発現など、生命現象に重要な役割をもっている一本鎖の核酸の一種です。RNAにはさまざまな種類がありますが、このうちDNAが保持する、どのようなタンパク質をつくるかといった情報を転写し、リボソームで翻訳されてタンパク質を合成するさいに用いられるのがmRNAです。ウイルスにはDNAではなくRNAを遺伝物質としてもつものがあり、新型コロナウイルスもRNAウイルスの一種です。

　ウイルスの種類によっては、タンパク質の外側にエンベロープとよばれる脂質でできた二重層の膜に、細胞に感染するさいに使用されるスパイクタンパク質が突起となって覆われているものがあります。新型コロナウイルスの形状は直径約100〜120nm（ナノ）の球形であり、外側にあるスパイクタンパク質が王冠（おうかん）のような突起になっています。ここから、ラテン語で王冠を表す「コロナ」にちなんで「コロナウイルス」と名づけられたのです。

　新型コロナウイルスは、表面にあるスパイクタンパク質を、人間の細胞表面に分布し刺激を受ける構造であるレセプター（受容体（じゅようたい））に結合させて細胞内に侵入します。そして、RNA依存性RNAポリメラーゼとよばれるウイルスタンパク質が機能して遺伝子の本体であるRNAを複製し、次々に増殖していくのです。

　新型コロナウイルスは、ヒトへの病原性（びょうげんせい）を有する7番めのコロナウイルスとして2019年に出現しました。ヒトに感染するコロナウイルスとしては、それ以前に6種類が知られていました。以下に、コロナウイルスの種類をまとめています。

ヒトに感染するコロナウイルスの種類

● ヒトコロナウイルス〔4種類〕
● SARS（サーズ）関連コロナウイルス（SARSr-CoV）〔1種類〕
　　＊旧名称は「SARSコロナウイルス（SARS-CoV）」。

- MERS（マーズ）コロナウイルス（MERS-CoV）〔1種類〕
- SARS コロナウイルス-2（SARS-CoV-2）〔1種類〕

　ヒトコロナウイルスは、せきやのどの痛み、鼻水や発熱の症状など、いわゆる風邪（かぜ症候群）を引き起こすウイルスであり、風邪の10〜15％程度、流行期では35％程度の原因だといわれています。1960年代に2種が発見され、さらに2000年代に入って新たに2種類が発見されました。

　ヒトコロナウイルスに属さないウイルスの1つが**SARSコロナウイルス（SARS-CoV）**です。現在は「**SARS関連コロナウイルス（SARSr-CoV）**」とよばれます。これは2003年に中国を中心として流行したウイルスであり、38℃以上の高熱、およびせき、呼吸困難、息切れのいずれかの症状と、胸部X（エックス）線検査（レントゲン検査）において判明する肺炎のいずれかを示す重症急性呼吸器症候群の病原体です。

　WHOの発表によると、SARSコロナウイルスには世界37か国で8,096人が感染して774人が死亡し、感染が原因で死亡する割合である致命率は9.6％でした。死亡した人の多くは糖尿病や肺疾患などの基礎疾患をもっていた人や高齢者であり、子どもにはほとんど感染していません。なお、2003年にWHOによってSARSの封じ込め成功が発表されましたが、感染症の予防に用いる医薬品であるワクチンは研究段階にとどまっていました。

　ヒトコロナウイルスに属さないウイルスの1つには、**MERSコロナウイルス（MERS-CoV）**もあります。これは中東呼吸器症候群（MERS）の病原体であり、発熱やせき、急速な肺炎を引き起こします。このウイルスを保有しているヒトコブラクダとの濃厚接触が感染リスクであると考えられています。

　WHOの発表によると、2019年11月末までに報告されたMERSコロナウイルスの確定患者数は世界27か国の2,494人であり、そのうち少

なくとも858名が死亡したとされ、致命率は34.4%とされています。基礎疾患をもつ人や高齢者に感染した場合には重症化します。現時点で収束の見通しは立っていませんが、このウイルスによるヒトからヒトへの感染爆発(アウトブレイク)が起こっているわけではありません。

◆ 新型コロナウイルスの感染と防止策

　新型コロナウイルスの感染経路としては、接触感染、飛沫感染、空気感染が考えられています。

　まず、接触感染について説明します。ウイルス感染者がくしゃみやせきを手で押さえたあとにその手で物に触れるとウイルスが付着するため、別の人がそれを触ればウイルスがうつります。ウイルスに汚染されたその手で目や鼻、口などを触ってしまい粘膜から感染してしまうという経路が接触感染です。

　コロナウイルスの表面にある先述のエンベロープは、石鹸や洗剤に含まれる界面活性剤やアルコールで破壊することができます。そのため、接触感染の拡大を防ぐ対策としては、アルコール消毒や石鹸による手洗いが有効なのです。

　飛沫感染は、ウイルス感染者によるくしゃみやせき、唾液によって飛沫がウイルスとともに拡散し、別の人がそのウイルスを口や鼻から吸い込むことによって感染してしまうという経路です。そのため、飛沫感染の対策としては、不織布素材のマスクを鼻まで覆うよう着用し、他人との距離を十分に保つことが有効なのです。

　一方、空気感染ではほかの2つとはまた経路が異なります。コロナウイルスは、飛沫とくらべて水分量が少なく、飛沫とくらべて粒子径が小さい「エアロゾル」という空気中の微粒子に乗って浮遊します。これを吸入することによって感染してしまうのが空気感染です。エアロゾルは軽いため滞空時間が長く、空気の流れで遠くまで運ばれます。

　ただし、エアロゾルが乾燥していくとウイルスは活性を保てなくなり、また発生源から離れていくと濃度が低くなっていきます。そのた

め、空気感染の拡大を防ぐ対策としては、多くの人が集まる密集場所、相手と手が触れ合う距離での会話や発声が行なわれる密接場面、換気の悪い密閉空間という「3密（3つの密）」を避けることが有効なのです。これらの対策は、ウィズ・コロナ時代における新しい生活様式の一環として急速に浸透しました。さらには、感染力の強い変異株への対応として、1つの密でも避けることが求められています。

　新型コロナウイルス感染症には、ウイルスに感染しても初期症状が発熱やせきなど一般の風邪と見分けがつきづらいため、自覚がないまま感染が拡大してしまうという特徴があります。多くの人が軽症ですみ、なかには無症状の人もいることから、検査を受けていない感染者が多数潜んでいるおそれがあり、行政が感染者を捕捉しきれないともされています。

　新型コロナウイルスの感染を確認する検査は、「ポリメラーゼ連鎖反応」の英語表記の頭文字をとった「PCR検査」とよばれる遺伝子検査（テーマ11）の一種です。これは、「DNAポリメラーゼ」とよばれる酵素の作用を利用し、加熱と冷却をくり返して、対象者から採取したたんなどの検体からウイルスのDNAを増幅するという方法です。もしウイルスが含まれている場合には、特徴的な塩基配列が増幅されます。少量でもウイルスの遺伝子を検出することができるため、感染症の検査の中でも精度が高いとされています。

◆ 新型コロナウイルス感染症拡大の経緯

　2019年12月、中国中部の湖北省武漢市で、発熱や呼吸困難を引き起こす原因不明のウイルス性肺炎の発症が相つぎました。

　2020年1月初めには、中国政府が派遣した専門家チームによって、病原体と推定される新種のコロナウイルスが複数の患者から検出され、最初の死者が報告されます。日本でも、武漢市から日本に戻ってきた中国人男性からはじめて新型コロナウイルスの陽性反応が出ました。ただ、当初は医療従事者への感染がみられなかったため、ヒトか

らヒトへの感染の可能性は低いとされていました。

2月に入ると、新型コロナウイルスの感染を心配する人たちが医療機関に相談するケースが増えてきました。そして、横浜港に停泊したクルーズ客船「ダイヤモンド・プリンセス」に乗っていた香港人男性が下船後に新型コロナウイルスに感染したと確認されたことを受けて、船内で乗客乗員を対象とした大規模な検疫を実施したところ、乗船者の集団感染が判明します。そしてついに日本国内でもはじめて新型コロナウイルスによる死者が確認され、2月中旬から感染経路不明の事例が国内各地で多発しました。このころには、マスクや消毒液、医療向けの防護服の不足も目立つようになります。

2月末には、新型コロナウイルスの感染拡大を防ぐため、全国すべての小中高と特別支援学校を対象とし3月初めから春休みに入るまで臨時休校の措置をとるよう、当時の安倍晋三首相が要請しました。

3月初めには、世界保健機関（WHO）のテドロス事務局長が、新型コロナウイルス感染症を「パンデミック（世界的大流行）」であると表明します。3月後半には2020年に予定されていた東京オリンピック・パラリンピックの2021年への延期も決定されました。

4月に入ると、国は、症状の有無を問わず、感染が確認された患者を原則として全員入院させる方針を転換し、軽症者や無症状の感染者については医師の判断にもとづき自治体が用意した宿泊施設や自宅で療養させることとしました。その後、政府からは人どうしの接触機会の7〜8割削減をめざす緊急事態宣言が発令され、すべての都道府県で解除されるまでに49日間かかりました。また、国民1人につき10万円を給付する特別定額給付金事業も実施されました。

新型コロナウイルス感染症は流行の波（2023年1月時点では「第8波」）をくり返してきました。第4波以降は、ウイルスの遺伝情報変化にともなってタンパク質の一部が変異した結果新しい性質をもつことになった変異株が、猛威を振るってきました。国立感染症研究所の分析によると、アルファ株の感染力は従来株より35〜40%、デルタ

株はアルファ株よりもさらに47 〜 54%増加していたとされます。また、デルタ株は重症化しやすい特徴ももち、以前は重症化しづらかった40・50代の入院患者が目立ちました。さらに、**オミクロン株**については、スパイクタンパク質だけで約30か所、ウイルス全体で約50か所とみられる変異を起こしていることから、デルタ株よりもさらに感染力が強いという特徴をもつとされます。ただし、この株の重症化リスクは低いとされています。

病原体に感染してから症状が出るまでの潜伏期は1 〜 14日間であり、曝露から5日程度で発症することが多くなっています。ただし、オミクロン株は潜伏期が2 〜 3日、曝露から7日以内に発症する者が大部分であるとみられています。発症前から感染性があり、発症からまもない時期の感染性が高いことが市中感染の原因です。

感染症の予防及び感染症の患者に対する医療に関する法律では、ウイルスの感染力や重症化リスクなどに応じて感染症の危険度を1 〜 5類などに分け、それぞれへの措置を定めています。新型コロナウイルス感染症は、特例的な「新型インフルエンザ等感染症」という位置づけで、上から2番目の危険度である「2類」相当とされてきました。この分類にもとづき、保健所には、全感染者の把握、感染者への就業制限や入院勧告、濃厚接触者や患者への健康確認と外出自粛要請などが求められていました。

しかし2023年5月からは、**季節性インフルエンザ**などと同じ「5類」に引き下げられました。これにより、感染症法にもとづく入院勧告や外出自粛要請はなくなり、政府と都道府県の対策本部は廃止され、緊急事態宣言も出せなくなります。また患者の診療は一般の病院や診療所も含め対応することになり、感染者の把握も特定の医療機関から定期的な報告を求める定点把握に切り替わります。時期を同じくして、WHOも新型コロナウイルスの感染拡大を受けて出していた「国際的に懸念される公衆衛生上の緊急事態」の宣言を終了しました。

さらに、2020年5月に示された新型コロナウイルスを想定した「新

しい生活様式」も改められ、基本的な感染対策は個人や事業者の自主的な判断に委ねられるという基本方針が示されました。そのうえで、感染防止の5つの基本が重要であると提唱されています。

---

❶　体調不安や症状がある場合は自宅で療養あるいは受診をする

　　発熱・下痢（げり）・嘔吐（おうと）・発疹（ほっしん）などの症状が出てきた場合には無理せず自宅で療養し、体調がよくないときは医療機関を受診する。

❷　その場に応じたマスクの着用やせきエチケット

　　地域の感染症の流行状況、周囲の混雑状況、空間の広さ、その場にいる時間の長さといった感染のリスクや、目の前にいる人の重症化リスクの程度、不特定集団の中かどうかなどを考慮する。またマスク着用を呼びかけられている場面では、できるだけ着用に応じる。さらに、せきやくしゃみをする際にはティッシュペーパーやハンカチなどを使って、口や鼻をおさえるせきエチケットを守る。

❸　3密を避けることと換気

　　不特定多数の人がいるところでは、換気、人との間隔を空ける、すいている時間帯や移動方法の選択、すいた場所の利用を心がける。

❹　手洗い

　　食事前、トイレの後、家に帰ったときなどには、20～30秒程度かけて流水と石鹸（せっけん）で丁寧に洗う。

❺　適度な運動、食事

　　一人一人の健康状態に応じた運動や食事、禁煙等、適切な生活習慣を理解して実行する。

　一方、病院や高齢者施設などでは感染が持ち込まれないような対策を継続していく必要性を示し、高齢者施設にたいしては無料でのウイルス検査や施設内療養への補助金などの支援が続けられることになっています。

出題例の[解答・解説]

出題例 再録

　新型コロナウイルス感染症の感染症法上の位置づけが5類感染症に変更されることをふまえた基本的感染対策の考え方について、400字程度で書きなさい。

構想メモを書いてみよう！

主体的な感染対策 ● ── 流行状況やリスクの考慮

● 基本的感染対策は政府として一律に対応を求めることはせず、個人や事業者が自主的に判断して実施する

感染防止の5つの基本 ● ── 「新しい生活様式」の抜本的な改正

● 「自宅療養か医療機関の受診」「その場に応じたマスクの着用やせきエチケット」「3密を避けることと換気」「手洗い」「適度な運動と食事」

医療機関や高齢者施設での対策の継続 ● ── 重症化リスクの高い場

● 院内・施設内等の感染対策にかんしては、引き続き国から提示・周知される

　2020年5月に示された新型コロナウイルスを想定した「新しい生活様式」が改められ、基本的な感染対策は個人や事業者の自主的な判断に委ねられるという基本方針を示すことが必要である。

　そのうえで、新たに示された「感染防止の5つの基本」について簡潔に説明する。また、医療機関や高齢者施設での継続的な対策の必要性についても触れる。

🦉合格点まであと一歩の答案例

第1段落

　ウイルス感染者が、くしゃみやせきを手で押さえたあとに物に触れるとウイルスが付着するため、別の人がそれを触った手で目や鼻、口などを触ってしまうことによって、粘膜から接触感染することになる。また、ウイルス感染者によるくしゃみやせき、唾液によって飛沫がウイルスとともに拡散し、別の人が口や鼻から吸い込むことによって飛沫感染する。さらに、粒子径が小さく水分量が少ないエアロゾルを吸入することによって空気感染することが、新型コロナウイルスの感染要因である。

第2段落

　感染拡大を防止するため、人と人との間隔については最低でも1メートル空けることを徹底し、真正面で対面しての会話はできる限り避けなくてはならない。食事は対面ではなく横並びで行ない、買い物は1人または少人数ですいた時間を選ぶことが求められる。また、事業者も、施設入り口での検温器や消毒液、パーティションなどを設置しなければならない。そして何より、外出時や屋内で会話するときには、症状がなくてもマスクを着用することが推奨される。

(432字)

全体を通じた コメント

　第1段落は、基本的感染対策の説明に必要不可欠な内容とはいえない
ため、字数稼ぎをしている印象を与えてしまう恐れがある。

　第2段落は、2020年5月に示された新型コロナウイルス感染症専門家
会議からの提言にもとづく、新型コロナウイルスを想定した「新しい生
活様式」の実践例の内容となってしまっている。これらは、2023年1月
に政府が決定した、新型コロナウイルスの感染法上の分類を結核などと
同じ「2類」以上に相当する扱いから、季節性インフルエンザなどと同
じ「5類」に引き下げる方針にともない、2023年3月に抜本的な改正が
行なわれている。また事業者にたいしても、それぞれコストや手間など
を考慮した判断に委ねる方針となったため誤りである。

答案例へのコメント

➡❶：△　感染要因の説明としては適切だが、答案に必要不可欠な内容
　　　　ではない。

➡❷：✕　改定前の「新しい生活様式」の内容となっている。他にも、
　　　　人混みの多い場所に行った後はできるだけすぐに着替えてシャ
　　　　ワーを浴びる、公園はすいた時間や場所を選ぶ、発症したとき
　　　　のために誰とどこで会ったかメモするなどが例示されていた。

➡❸：✕　事業者の判断に委ねられる方針に変更される前の内容である。
　　　　政府による「新型コロナウイルス感染症対策の基本的対処方針」
　　　　と「業種別ガイドライン」は5類移行により廃止されるが、業
　　　　界が必要と判断した場合に作成することは認められている。

➡❹：✕　マスク着用は個人の判断に委ねられたが、混雑した電車内や
　　　　医療機関などを訪れる際には着用を推奨している。

神髄
㉟
新型コロナウイルスの最新情報をつねに意識しよう！

🦉 合格点がもらえる答案例

・主体的な感染対策

　地域での流行状況が大幅に拡大し、社会的に大きな影響を与える事態が想定される場合を除き、個人や集団が流行状況やリスクに応じて感染対策を主体的に選択して実施することが求められる。そのうえで、みずからのみならず、身近な人や社会全体を感染症から守るために、感染防止の5つの基本を身につけることが必要である。

・感染防止の5つの基本

　まず、体調不安や症状がある場合は、無理せず自宅で療養あるいは受診をすることが大切だ。また、換気や密閉・密集・密接の「3密」の回避は変わらず重要である。さらに、手洗いを日常の生活習慣にし、一人一人の健康状態に応じた運動や食事といった適切な生活習慣を理解して実行すべきである。なおマスクをつけるかどうかは、地域の感染状況や周囲の混雑状況、空間の広さ、その場にいる時間の長さ、目の前にいる人の重症化リスクなどを考慮して判断する。

・医療機関や高齢者施設での対策の継続

　病院や高齢者施設などでの感染が広がりやすく、感染拡大の影響が大きいことから感染が持ち込まれないような対策を継続していかなくてはならない。

(428字)

全体を通じた コメント

　感染対策が個人の選択を尊重し、国民の自主的な取り組みをベースとしたものに変化するという原則がきちんとふまえられている。また、2020年5月に示された「新しい生活様式」の実践例を改定した「感染防止の5つの基本」についても的確に説明できている。さらに、重症化リスクの高い医療機関や高齢者施設での対策の継続についても触れられており、高評価が期待できる答案となっている。

　字数に余裕があれば、事業者について機器設置や維持経費など実施の手間やコスト等をふまえた費用対効果を検討してそれぞれが判断していくという方向性について触れてもよい。

答案例へのコメント

- **➡❶**：◎　新型コロナウイルスの感染症対策は自主性を尊重したものに変化していくという方向性が正しく示せている。

- **➡❷**：◎　感染防止の5つの基本の必要性を示せている。

- **➡❸**：◎　発熱・下痢（げり）・嘔吐（おうと）・発疹（ほっしん）といった症状が出てきた場合には、無理せず自宅で療養し、さらに体調がよくないときは医療機関を受診するという基本的な対策について述べられている。

- **➡❹**：◎　密閉・密集・密接の「3密」の回避が換気とともに引き続き有効な対策であることを示せている。

- **➡❺**：◎　手洗いや適度な運動、食事といった日常の生活習慣での注意点について触れられている。

- **➡❻**：◎　その場に応じたマスク着用の必要性について書けている。

- **➡❼**：◎　医療機関や高齢者施設での対策の継続について確認できている。なお高齢者施設にたいしては、無料でのウイルス検査や施設内療養への補助金などの支援が続けられることになっている。

神髄
36

社会的合理性を考慮した自主的で持続可能な感染対策が重要！

テーマ 19

新型コロナウイルス感染症❷

新型コロナウイルスワクチンと治療薬　　　頻出ランク ★★★★★

これがテーマの神髄だ!

★ 新型コロナウイルスのワクチン

- ワクチン →P.261：獲得免疫の応答のしくみを利用するために、感染症の原因となるウイルスや細菌を精製・加工し、あらかじめ病原体の毒性を弱めたり無毒化したりした薬液

  ➡ 2023 年 4 月 1 日段階で薬事承認され、予防接種法にもとづいて接種できる新型コロナウイルスワクチンは 4 種類

  ➡ 副反応としては、注射した部分の痛み、疲労、頭痛、関節や筋肉の痛み、寒気、発熱等に加え、まれに起こる重大な副反応としてアナフィラキシーがある

  ➡ 2023 年 3 月には世界保健機関（WHO）が新型コロナウイルスのワクチン接種についての指針を改定し、高リスクの人には 6 ～ 12 か月ごとの定期接種を推奨

★ 新型コロナウイルスの治療薬

- 2022 年 11 月 29 日現在、国内で認められている新型コロナウイルス感染症の治療薬は 10 種類

  ➡ 抗ウイルス薬 →P.265：細胞内でウイルスが増殖する過程を食い止めて病気の進行を遅らせたり、治癒期間を短縮したりするために使用される薬剤

  ➡ 中和抗体薬 →P.267：ウイルスのタンパク質に結合して直接細胞への侵入を防ぎ、増殖を抑える中和抗体を用いた薬剤

  ➡ 抗炎症薬 →P.268：ドラッグリポジショニングによって新型コロナウイルス感染症治療薬として用いられている薬剤

実際の出題例を見てみよう！ ➡解答・解説は p.269 ～

出題例

　新型コロナウイルスワクチン接種の副反応と、今後のワクチン接種の方向性について、400 字程度で書きなさい。

（近畿大学・医学部／改）

◆ 新型コロナウイルスのワクチン

> 新型コロナウイルスのワクチンが開発されたことで一筋の光が見えてきたように思うのですが、どのようなワクチンがあるのか教えてください。

　新型コロナウイルスのワクチンについて説明する前に、まずはワクチンについての基礎知識から確認しましょう。生体に外来の侵入者から身を守る目的の免疫応答を引き起こす物質のことを抗原といい、病原体が体内に侵入することを感染といいます。また、体内に入った抗原に特異的に結合して、その異物を生体内から除去する免疫グロブリンというタンパク質のことを抗体といいます。ヒトの身体は、感染にたいしてまず多種類の異物、病原体の分子に反応できる自然免疫が応答します。しかし、この反応では不十分だった場合に、外来異物の刺激に応じて後天的に形成される獲得免疫が応答することで病原体を排除するのです。そして、この獲得免疫が一度侵入した病原体の情報を記憶するため、再度同じ病原体が侵入したときには最初の感染時より迅速かつ強力な抗体を大量に産生して排除できるようになります。

　ワクチンは、こうした獲得免疫の応答のしくみを利用するために、

感染症の原因となるウイルスや細菌を精製・加工し、あらかじめ病原体の毒性を弱めたり無毒化したりした薬液のことです。ワクチンを体内に入れることで、その病気への獲得免疫ができ、病原体が体内に侵入しても発症を予防したり軽症ですませたりできます。

　ワクチンは、病原体となるウイルスや細菌の毒性を人工的に弱めたものを原材料とする**生ワクチン**と、感染する能力を人工的に失わせたものを原材料とする**不活化ワクチン**に大きく分けられます。生ワクチンは感染性が保持されているため、感染力や毒性を失わせる作用をもつ抗体による**液性免疫**だけでなく、病原体が感染した細胞を壊す**細胞性免疫**も誘導されることにより、原則として1回の接種で長期的に効果を発揮します。ただし、ワクチン接種によって感染状態が引き起こされるため、発熱や発疹といった症状がみられます。代表的なワクチンとしては、**MRワクチン**（M：麻しん、R：風しん）、水痘（みずぼうそう）ワクチン、**BCGワクチン**（結核）などがあります。

　一方不活化ワクチンは、増殖しないため細胞性免疫は誘導できず、抗体によって感染や発症を予防できる疾患のみを対象とします。また、複数回の接種を必要とし、効果の持続期間も短くなります。代表的なワクチンとしては、**DPT-IPV：四種混合ワクチン**（D：ジフテリア・P：百日せき・T：破傷風・IPV：不活化ポリオ）、**DT：二種混合ワクチン**（D：ジフテリア・T：破傷風）、インフルエンザワクチンなどがあります。

　新型コロナウイルスのワクチンは、**予防接種法第6条**に定められた、疾病のまん延予防上緊急の必要があると認められたさいの臨時に行なう予防接種として実施されています。2023年4月1日段階で薬事承認され、予防接種法にもとづいて接種できるワクチンは次の4種類で、すべて不活化ワクチンの一種です。1人2回の接種は2021年11月におおむね完了し、接種率は人口の約8割に達しました。また3回目のワクチン接種率は2023年4月時点で約68％となっています。

A. ファイザー社の新型コロナワクチン（1価：従来株）

　新型コロナワクチンではじめて実用化された、スパイクタンパク質の設計図となる mRNA を脂質の膜に包んだメッセンジャーRNA（mRNA）ワクチンです。接種して mRNA がヒトの細胞内に取り込まれると、この mRNA をもとに細胞内でウイルスのスパイクタンパク質が産生され、スパイクタンパク質にたいする抗体がつくられることで免疫ができ、感染症の予防ができると考えられています。5歳以上は1回目の接種後、通常3週間の間隔で2回目の接種を受けます。6か月〜4歳の場合は、2回目の接種後8週間以上の間隔で3回目の接種を受けます。

B. ファイザー社のオミクロン株対応2価ワクチン

　従来株とオミクロン株系統のそれぞれの mRNA を有効成分とするメッセンジャー RNA（mRNA）ワクチンです。2回目の接種完了から3か月以上経過した5歳以上が対象です。

C. モデルナ社のオミクロン株対応2価ワクチン

　従来株とオミクロン株系統のそれぞれの mRNA を有効成分とするメッセンジャー RNA（mRNA）ワクチンです。2回目の接種完了から3か月以上経過した12歳以上が対象です。

D. 武田社の新型コロナワクチン（ノババックス）

　スパイクタンパク質の遺伝子をもとにつくられた組み換えタンパク質をナノ粒子化して製造された組み換えタンパクワクチンです。B型肝炎ウイルスや帯状疱疹ワクチンなど、他のワクチンでも使用実績があります。接種により組み換えスパイクタンパク質がヒトの細胞内に取り込まれると、スパイクタンパク質にたいする抗体がつくられることで免疫ができ、感染症の予防ができると考えられています。免疫誘導効果は低めであるため、免疫の活性化を促進するためのアジュバントと一緒に投与します。12歳以上が対象で、1回目の接種後、通常3週間の間隔で2回目の接種を受けます。3回目以降は、前回の接種完了から6か月以上経過する必要があります。

ワクチン接種後、体内で免疫ができる過程で現れる副反応として
は、注射した部分の痛み、疲労、頭痛、関節や筋肉の痛み、寒気、発
熱等があります。また、まれに起こる重大な副反応として、アレル
ギー反応によって複数の臓器に症状が強く現れるアナフィラキシーが
あり、特に血圧が低下して意識の低下や脱力を来すようなアナフィラ
キシーショックとよばれる状態は、ただちに医療機関で適切に対応を
進めないと生命にかかわってしまいます。ほかにも、ワクチン接種後
に心臓の筋肉に風邪などのウイルスが感染して炎症が起き、心筋の収
縮不全や不整脈などが起きる心筋炎や、心筋の周りの膜である心膜だ
けに炎症が起きる心膜炎を疑う事例が報告されています。

　2023年3月には世界保健機関（WHO）が新型コロナウイルスのワ
クチン接種についての指針を改定し、「高齢者、糖尿病や心臓病など
の既往歴がある成人、エイズウイルス（HIV）感染者や臓器移植を受
けた免疫不全の人、妊婦、医療従事者」といった高リスクの人には6
〜12か月ごとの定期接種を推奨するものの、「60歳未満の健康な成
人、既往歴のある子ども」は初回の追加接種までを推奨し、6か月〜
17歳の健康な子どもの接種は費用対効果などを考慮するよう求めま
した。

　そのうえで、2023年度の新型コロナウイルスワクチン接種は9〜
12月、5歳以上の希望者すべてが対象とされ、予防接種法上の「特例
臨時接種」は1年延長し、接種時期を問わず無料接種となります。重
症化予防の効果などが最大1年程度持続するとみられ、接種間隔をあ
けた年1回とされました。一方で、65歳以上の高齢者や基礎疾患があ
るなど重症化リスクの高い人、そうした人と触れ合う医療・介護従事
者らには、5〜8月にも接種時期を設定します。

　ワクチン接種可否の決定は、各個人の選択にゆだねられています。
できるだけ重症者を出さないことにワクチン接種の主眼を置きつつ、
希望者が安心して接種できる環境を整備し、医学的根拠にもとづく情
報開示に努める必要があります。そのうえで、定期接種を見据え、海

外からの輸入に依存しすぎず、<u>副反応が少なく安全性の高い国産ワクチンの開発を推し進める</u>ことが大切です。

◆ 新型コロナウイルスの治療薬

<u>2022年11月29日現在、国内で認められている新型コロナウイルス感染症の治療薬は10種類</u>あり、薬剤のタイプ別に解説します。

---

❶ 抗ウイルス薬

<u>細胞内でウイルスが増殖する過程を食い止めて病気の進行を遅らせたり、治癒期間を短縮したりするために使用される薬剤のことを抗ウイルス薬</u>といいます。抗ウイルス薬は、ウイルスの感染を防ぐわけではなく、細胞へのウイルスの侵入を防ぐ手法や、細胞内で複製するのを防ぐ手法、複製されたウイルスが細胞の外に出て行くのを防ぐ手法によって増殖を防ぐ役割を果たします。

A. レムデシビル（ベクルリー点滴静注用）

<u>RNAウイルスにたいし広く活性を示すRNA依存性RNAポリメラーゼ阻害薬で、元来はエボラウイルス感染症の治療薬として開発された</u>ものです。2020年5月、緊急時に健康被害の拡大を防止するため、当該医薬品等の使用以外に適当な方法がない場合、海外で流通している医薬品等を対象として、有効性と安全性の両方を早急に確認して迅速な承認を行う<u>特例承認</u>がなされました。対象は当初重症者を原則としていましたが、2021年1月に添付文書が改訂され、コロナ肺炎の患者全般へと対象が広がりました。2021年8月には保険適用となり、2021年10月には一般流通も開始しました。その後、人工呼吸や高流量の酸素投与に至った重症例では効果が期待できないとされるようになり、その一方で重症に至らない症例では症状の早期改善などの有効性が見込まれることから、<u>2022年3月には重症化リスク因子を有するなど投与が必要と考えられる軽症患者へ適応拡大されています。</u>

B. モルヌピラビル（ラゲブリオカプセル）

レムデシビルと同様のRNA依存性RNAポリメラーゼ阻害薬ですが、<u>新型コロナウイルス感染症に対する初の経口治療薬</u>とい

う大きな特徴があります。重症化リスク因子を有する軽症から中等症の患者に使用します。2021年12月に特例承認され、2022年8月には保険適用、9月からは一般流通も開始しました。ただし、遺伝子の複製にエラーを起こさせる薬剤なので、妊婦または妊娠している可能性のある女性には投与しないこととされています。

C. ニルマトレルビル・リトナビル（パキロビッドパック）

モルヌピラビルに続く国内2種類目の軽症者向け経口治療薬です。重症化リスク因子を有する軽症から中等症の患者に使用します。感染した細胞内でウイルスが自身のタンパク質をつくるために必要な酵素であるプロテアーゼの働きを阻害して細胞内での増殖を防ぐ抗ウイルス薬「ニルマトレルビル」2錠と、ニルマトレルビルの代謝を抑制することで、ニルマトレルビルの体内濃度を長時間維持する役割を担う既存のエイズウイルス用の治療薬「リトナビル」1錠の計3錠を1日2回、5日間服用します。2022年2月に特例承認され、2023年3月に保険適用されました。ただし「リトナビル」には一緒に使う薬の血中濃度を上げたり下げたりする働きがあるため、他の薬の分解も遅らせて重篤な症状を引き起こすおそれがあります。そのため、高血圧や不眠症の薬など約40種類が併用できず、薬を分解する腎臓の機能が衰えている患者にたいしてもニルマトレルビルが体内に残りすぎてしまうために投与できません。

D. エンシトレルビルフマル酸（ゾコーバ錠）

塩野義製薬が開発し、国産初となる軽症や中等症の患者向けの経口治療薬で、重症化リスクが低い人も服用できる点がモルヌピラビルやニルマトレルビル・リトナビルとの違いです。ニルマトレルビルと同じく、プロテアーゼの働きを阻害して細胞内での増殖を防ぎ、体内のウイルス量を減らして発熱やせきなどの症状を改善させる効果があります。高熱や強いせき、強い喉の痛みなどの臨床症状があることが処方の目安であり、1日目に3錠、2〜5日目に1錠ずつ服用します。2022年11月、緊急時に健康被害の拡大を防止するため、当該医薬品等の使用以外に適当な方法がない場合、有効性が推定されれば条件を付して承認することができる緊急承認がなされました。2023年3月には一般流通が開始

されて、全国の医療機関で処方できるようになりました。ただし、妊婦らにたいして使えず、高血圧薬など併用できない薬が約40種類あります。

❷ 中和抗体薬

ウイルスのタンパク質に結合して直接細胞への侵入を防ぎ、増殖を抑える中和作用をもつ抗体のことを中和抗体といい、これを用いた薬剤のことを中和抗体薬とよびます。中和抗体薬は2022年以降新型コロナウイルス流行の主流となったオミクロン株にたいして有効性が減弱するとされ、他の治療薬が使用できない場合に投与を検討することとされています。また、抗ウイルス薬と中和抗体薬の併用についても十分な知見がないことから、併用療法は推奨されていません。

A. カシリビマブ・イムデビマブ（ロナプリーブ注射液セット）

抗体を産生するB細胞というリンパ球を操作して、特定の抗体1種類だけを増殖させたものをモノクローナル抗体といいます。2種類のモノクローナル抗体を組み合わせた抗体カクテル療法で、2021年7月に特例承認を取得しました。高齢や肥満、慢性腎臓病といった重症化リスク因子をかかえている患者のうち、酸素投与を要する段階まで悪化していない患者を対象に点滴で投与します。また、新型コロナウイルス感染症の発症を予防する効果も認められ、患者との濃厚接触者や無症状の新型コロナウイルス陽性者にも使用が可能です。

B. ソトロビマブ（ゼビュディ点滴静注液）

SARSに感染した患者から得られた抗体をもとにしたモノクローナル抗体を用いた中和抗体薬で、2021年9月に特例承認を取得しました。カシリビマブ・イムデビマブと同様に点滴で投与し、発症から時間のたっていない軽症例で重症化を抑制する効果が示されています。

C. チキサゲビマブ・シルガビマブ（エバシェルド筋注セット）

筋肉注射で投与して重症化リスクの高い軽症・中等症患者の治療に用いるほか、免疫不全などの病気でワクチンの効果が十分に得られない人らへの発症予防目的の事前投与に使用できます。

第5章

2022 年 8 月に特例承認を取得しました。

❸ 抗炎症薬

　既存薬に新たな薬効をみいだし、他の病気の治療に使うことを
ドラッグリポジショニングといいます。既存薬は副作用や他の薬
との飲み合わせなどの問題が判明しているため、新薬にくらべて
扱いやすいという長所があります。このドラッグリポジショニン
グによって、新型コロナウイルス感染症治療薬として抗炎症薬が
用いられています。

A. デキサメタゾン（デカドロン錠等）

　副腎からつくられる副腎皮質ホルモンの 1 つである副腎皮質ス
テロイドを用いた、重症感染症や間質性肺炎などの治療薬をド
ラッグリポジショニングによって重症患者を対象に投与します。
2020 年 7 月に、新型コロナウイルス感染症の診察の手引きに掲
載されました。

B. バリシチニブ（オルミエント錠）

　免疫応答の調節や血液細胞の増殖分化といった細胞間の情報伝
達の役割を担う、主に免疫細胞から分泌される低分子のタンパク
質のことを**サイトカイン**といいます。ウイルスが細胞に侵入する
と、免疫にかかわるサイトカインの働きが強まり、免疫細胞を活
性化して、ウイルスに感染した細胞を攻撃するのです。しかしサ
イトカインが増えすぎると、自分の正常な細胞まで傷つけてしま
うことで肺炎が重篤化したり、多臓器不全を起こしたりしてしま
うのです。関節リウマチに適用されているバリシチニブは、サイ
トカインの連鎖反応をブロックすることで炎症を抑えられます。
2021 年 4 月に、中等症から重症の患者を対象に新型コロナウイ
ルスの治療薬として承認されました。

C. トシリズマブ（アクテムラ点滴静注）

　サイトカインの一種である IL-6（インターロイキン -6）の作用
を抑制して炎症を抑える抗リウマチ薬で、大阪大学と中外製薬が
共同開発した国産初の抗体医薬品です。2022 年 1 月に、中等症
から重症の患者を対象に新型コロナウイルスの治療薬として承認
されました。

出題例の[解答・解説]

出題例 再録

　新型コロナウイルスワクチン接種の副反応と、今後のワクチン接種の方向性について、400字程度で書きなさい。

 構想メモを書いてみよう！

副反応の説明　　軽症とまれに起こる重大な症状

- 注射した部分の痛み、疲労、頭痛、関節や筋肉の痛み、寒気、発熱
- まれに起こる重大な副反応としてアナフィラキシーがあり、心筋炎や心膜炎を疑う事例も

ワクチン接種の基本的な方向性　　重症化リスクが高い人への接種環境の整備に力を注ぐべき

- WHOもリスクの高い人には6～12か月ごとの定期接種を推奨

具体的な対策の提示　　副反応の少ないワクチンの開発と対象を絞った無料接種の維持

- 副反応にたいする強い警戒感から3回目の接種数が伸び悩んだ
- 重症化リスクの高い低所得者が接種をためらう可能性

　副反応の説明については、軽症について具体的に示すだけでなく、まれに起こる重大な副反応についても取りあげる必要がある。ただし大半が軽症であることから、重大な副反応ばかりに字数を割く必要はない。

　ワクチン接種の基本的な方向性としては、WHOの指針改定を根拠として重症化リスクが高い人に注力する方針を打ちだすのが妥当である。そのうえで、副反応の少ないワクチンの開発と、重症化リスクの高い低所得者が接種をためらわないための無料接種の継続などを提案するとよい。

第5章

• 第1段落

新型コロナウイルスのワクチンによる副反応としては、38度未満の発熱、倦怠感、接種部位の痛みがあげられるがいずれも軽症にすぎず、1、2日で収まるものばかりである。一方で、モデルナ製ワクチンの場合は、接種から数日後に腕が腫れたり赤くなったりする「モデルナアーム」といった副反応が男女問わず低年齢層で多くみられる。

• 第2段落

こうした副反応への忌避感などを背景に、若者世代の3回目のワクチン接種率は低調に推移しているが、3回目接種の副反応は2回目より少ない傾向があることから、政府は不安解消のためにわかりやすい情報発信に努めなければならない。また、副反応が強いとされるモデルナ製ではなくファイザー製ワクチンを積極的に確保し、自治体に安定的に供給することも求められる。そのうえで、自治体の接種券配布や接種会場の設置を促進し、オミクロン株の感染抑制のためにも、7割程度で足踏みしている3回目のワクチン接種率の全世代向上に一層力を入れるべきである。

(412字)

全体を通じた コメント

　第1段落の副反応についての説明は、軽い症状のみを取りあげているが、発生確率は低くとも重い症状の可能性についても記述すべきである。また、「モデルナアーム」についての理解も誤っているが、そもそもとしてわざわざ取りあげる必要性が高いとはいえない。

　第2段落の今後のワクチン接種の方向性については、3回目のワクチン接種率の全世代向上を強く訴えようとする姿勢に問題がある。重症化リスクの高い人やワクチン接種を希望する人への環境整備に力点を置いて主張を組み立てたほうが、現状に即した答案となる。

答案例へのコメント

➡❶：✕　モデルナ製ワクチンを中心に、38度以上の発熱も副反応としてみられる。また、まれに起こる重大な副反応について触れられていないことで、副反応を軽視しすぎている印象を与える。

➡❷：✕　「モデルナアーム」は、男性よりも女性に発症しやすく、30代から60代までの年齢層で発症しやすいとされている。

➡❸：◎　3回目接種の副反応は2回目より少ない傾向がある点も、不安解消につながる情報発信に努める必要性も正しい指摘である。

➡❹：✕　副反応が出やすい若者が職域接種などでモデルナ製を多く接種した経緯からモデルナ製ワクチンの副反応の強さにたいする不安が広がったが、ファイザー製とモデルナ製のワクチンの3回目接種の副反応に大きな違いはないとされる。

➡❺：✕　WHOがワクチン接種についての指針を改定したことや、ワクチン接種の決定が個人の選択にゆだねられていることをふまえると、接種率向上に前のめりになる姿勢は控えたほうがよい。

神髄 37　新型コロナウイルスのワクチンの意義は感染拡大抑止から重症化回避に移行している！

🦉 合格点がもらえる答案例

・副反応の説明

　新型コロナウイルスワクチンの副反応には、注射した部分の痛み、疲労、頭痛、関節や筋肉の痛み、寒気、発熱等がある。また、まれに起こる重大な副反応としてアナフィラキシーがあり、ワクチン接種後に心筋炎や心膜炎を疑う事例も報告されている。

・ワクチン接種の基本的な方向性

　今後のワクチン接種の方向性については、高齢者をはじめとした重症化リスクが高い人への接種環境の整備に力を注ぐべきである。WHOも、リスクの高い人には6〜12か月ごとの定期接種を推奨しており、できるだけ重症者を出さないためにも希望者が安心して接種できる環境を整備しなくてはならない。

・具体的な対策の提示

　副反応にたいする強い警戒感から3回目の接種数が伸び悩んだという面もあることから、医学的根拠にもとづく情報開示に努めつつ、副反応の少ない国産ワクチンの開発を促すべきである。また、感染症法上の分類が5類に引き下げられたあとも重症化リスクの高い低所得者が接種をためらうことのないよう、対象を絞って無料の特例臨時接種を維持すべきだ。

(414字)

全体を通じた コ メ ン ト

　新型コロナウイルスワクチンの副反応の説明については、代表的な軽症を網羅しつつ、まれに起こる重大な副反応や報告事例にまで言及できており、理解の正確さをアピールできている。

　また、WHOの指針改定をふまえつつ、高齢者や基礎疾患のある人々への接種に力を入れて、できるだけ重症者を出さないようにするといった現状に即した方向性を示せている。

　そのうえで、重症化リスクの高い人々への接種に効果が見込める、適切な情報開示、副反応の少ない国産ワクチンの開発、無料の特例臨時接種の維持といった具体策が提示できており、そつのない答案に仕上がっているといえる。

答案例へのコメント

➡ **①**：◎　副反応の代表的な軽症例を示せている。

➡ **②**：◎　まれに起こる重大な副反応や報告例まで十分に言及できている。なお、「接種と死亡との因果関係が否定できない」とする専門家評価が示された事例については、「ワクチンとアナフィラキシーの因果関係については評価できない」とされている。

➡ **③**：◎　重症化リスクが高い人への接種に軸足を置くべきという感染状況をふまえた方向性を打ちだせている。

➡ **④**：◎　WHOの指針改定を主張の根拠として提示できている。

➡ **⑤**：◎　副反応に関連性の強い提案が示せている。なお国産ワクチンは、塩野義製薬が2022年11月に組み換えタンパクワクチンを、第一三共が2023年1月にmRNAワクチンを承認申請している。

➡ **⑥**：◎　特例臨時接種については2024年度以降については未定のため、独自性のある提案となっている。

神髄 **38**　新型コロナウイルスのワクチンと治療薬のしくみや効果について理解を深めよう！

新型コロナウイルス感染症❸

院内感染防止・オンライン診療への取り組み　　頻出ランク ★★★★★

これがテーマの神髄だ!

★ 院内感染

- エボラウイルス出血熱や鳥インフルエンザといった新興・輸入感染症の発生
- 効果的な治療薬が限定される薬剤耐性菌（やくざいたいせいきん） → P.275 の出現
    - ➡医療法で4項目の院内感染対策の体制確保を義務づけ
    - ➡標準予防策 → P.276 の徹底が必要不可欠
- 未知なる感染症の院内感染を防ぐための取り組み
- 感染拡大時

    コホーティング → P.278 の実行／スタッフ間の情報共有／スタッフのメンタルケア

- 平　　時

    緊急時を見据えた取り組み／感染症カリキュラムの充実／感染症専門医や感染管理認定看護師の養成

★ オンライン診療の意義と今後に向けた課題

- オンライン診療 → P.279：遠隔医療のうち、医師—患者間において情報通信機器を通して、患者の診察および診断を行ない診断結果の伝達や処方などの診療行為を、リアルタイムにより行なう行為
    - ➡院内感染を防ぐことが可能
    - ➡医療へのアクセスを容易にし、早期診断や早期治療、予防医療につなげられる
    - ➡問診や視診（ししん）に限られるため、誤診や疾病の見落とし（しっぺい）のリスクがあり、通常よりも慎重な診察や説明が必要となる

実際の出題例を見てみよう! ➡解答・解説は p.283 〜

出題例

　オンライン診療の長所と短所についてまとめ、今後の課題について 400 字程度で書きなさい。

（オリジナル問題）

◆ 院内感染

　まずは、院内感染について取りあげます。

　新型コロナウイルス感染症の爆発的な拡大によって、世界じゅうの人びとが感染症の恐怖をあらためて認識することとなりました。しかし、テーマ18でも取りあげた中東呼吸器症候群（MERS）、ヒトへの感染はまれではあるものの致命率が平均50％前後と高いエボラウイルス出血熱や鳥インフルエンザなどの新興・輸入感染症は、以前からも発生しつづけています。

　また、薬剤耐性菌の出現も、国際社会における大きな課題です。薬剤耐性菌とは、感染症の治療に使われる抗菌薬が効かない細菌のことです。抗菌薬には、原因となる細菌などを殺したり、その増殖を抑制したりするはたらきがありますが、薬剤耐性をもつ細菌には、特定の種類の抗菌薬が効きにくい、あるいは、効かないのです。病院内では抗菌薬にたいする薬剤耐性菌が定着しやすく、患者へと感染していくことが明らかになっています。

　薬剤耐性菌による感染症は、通常ではほとんど病気を起こさない病原体であり、感染にたいする防御機能を低下させている易感染宿主に生じる日和見感染症であることから、手術後の患者や、気管切開により人工呼吸器をつけているような生命の危険がある患者に定着しやすく、院内感染の予防がきわめて重要です。

そのため、すべての医療機関には、医療法によって以下4項目の院内感染対策への体制確保が義務づけられています。

---

❶ 指針の策定

可能な限り科学的根拠にもとづく制御策を採用して部門ごとの対策を盛り込み、定期的に見直しを行なって施設全体で活用する。

❷ 院内感染対策委員会の開催
（病院、入院設備のある診療所および助産所のみ）

院長を議長とし、看護部長や薬剤部門の責任者など専門職代表を構成員とした職種横断的な組織。月1回程度、定期的に開催。

➡ 3年以上の感染症対策経験を有する感染症専門医や感染管理認定看護師、感染防止対策専任の薬剤師などによって組織される感染対策チームを設置し、現場の感染管理状況の監視や指導、抗菌薬適正使用支援チームと共同で抗菌薬の適正使用の推進活動などを担う

❸ 従業者にたいする研修の実施

院内感染にたいする知識を高めるために、基本的考え方や具体的方策についての研修を行ない、周知徹底をはかる。

❹ 感染症の発生状況の報告と改善のための方策の実施

感染症発症状況を把握し、感染源や感染経路の把握や、感染経路別対策の実施など、適切な対応ができる体制を整える。

このような取り組みにもとづいて院内感染の原因となる病原体を把握して感染経路を迅速に遮断すれば、感染防御機能のいずれかに障害があって感染リスクの高い易感染宿主を守ることができます。

また、それぞれの医療従事者に求められる感染対策としては、標準予防策があります。標準予防策とは、すべての患者の血液、汗を除くすべての体液（唾液や腹水など）、分泌物（涙や鼻汁など）、排泄物（便や尿など）、損傷した皮膚・粘膜には感染の可能性があるとみなして実施される感染予防策のことです。具体的には、以下のような実践項目があります。

- **手指衛生**：患者に触れる前、清潔・無菌操作の前、体液にばく露（物質が吸入）された可能性がある場合、患者に触れたあと、患者周辺の環境に触れたあとには、石鹸と流水による手洗いか、アルコール擦式手指消毒薬を用いた手指消毒を行なう。
- **個人防護具の使用**：手袋、ガウン、サージカルマスク（医療用マスク）、ゴーグルを適切な方法で着脱する。
- **ユニバーサルマスキング**：新型コロナウイルス感染症（**COVID-19**）では無症状者が感染を媒介するため、医療機関では医療従事者も患者も平時からマスクを着用する。
- **患者ケアに使用した器材・器具・機器の取り扱い**：血液や体液で汚染した場合には皮膚や衣服、環境を汚染しないよう取り扱い、再使用するものは適切な洗浄・消毒・滅菌を行なう。
- **周辺環境整備およびリネンの取り扱い**：患者周辺の環境表面は、汚染やほこりがないように清掃し、寝具やバスタオル、宿泊着や患者衣といったリネン類は汚染を広げないように取り扱う。
- **患者配置**：ほかの患者への感染伝播の危険性を有する患者はできる限り個室に入れるなど考慮する。
- **安全な注射手技**：薬剤調製時や投与のさいには使い捨ての注射針や注射器を使用し、輸液セットは複数の患者に使用しない。

　このような標準予防策が徹底されることによって、症状が表れていない潜伏期間にある患者や、感染が検査で検出できるようになるまでの「ウインドウ期」とよばれる空白期間にある患者からの感染リスクを下げられるのです。

　そのうえで、新型コロナウイルスのような未知なる感染症の院内感染を防ぐための取り組みを示しておきます。まずは、感染拡大時に求められる取り組みです。

- コホーティングの実行：「コホーティング」とは、感染者を隔離し、その場所で感染対策を完結させることを目的として、入院患者を感染者・濃厚接触者・それ以外の患者の病室に分けることである。入院時の **PCR 検査** → P.251 の結果に頼らず、陰性結果が出ていても発熱があったり陽性が少しでも疑われる場合には陽性扱いとしたり、個室に余裕があれば潜伏期間が過ぎるまで患者を隔離したりすることが望ましい対応である。
- 感染対策の徹底：院内の消毒や個人防護具の安全な着脱など、ルールどおり適切な感染対策がとれているかどうかを確認するため、定期的に病棟内のラウンド（病棟や病室内の見回り）を行なう。また、患者にたいしても、相部屋の入院患者が食事をするさいにはベッドのカーテンを閉めるなどして、同じ空間で複数人がマスクをはずさないようにはかる。
- スタッフ間の情報共有：未知なる感染症にたいしては、だれ一人として確実な見通しをもつことはできない。「なぜやる必要があるのか」「いつまで続くのか」といったスタッフの不安や不満は、職員どうしの不信感を生じさせる。そこで、管理者がスタッフに向き合い、納得して日々の業務に携わってもらうことが重要である。また、起こったできごとを時系列に並べる「クロノロジー（編年）」という手法を活用して現状の取り組みや感染状況などの全体像を共有し、先の見通しを立てることも重要である。
- スタッフのメンタルケア：感染や濃厚接触によって自宅待機となった職員は、院内の情報を得ることができず、同僚が大変な状況の中で出勤できないことへの罪悪感をもってしまいがちである。そのため、スタッフに心理的なトラウマを残さないよう、メンタルヘルスサポートに力を入れることが求められる。

感染拡大時には、感染者を隔離し感染防止対策を徹底することによって被害拡大を防ぐことが重要です。また、極度のストレスがのしかかるスタッフに配慮して情報公開やメンタルケアに努め、医療体制

を維持していくことも重要です。

　一方、平時に求められる取り組みとしては、未知なる感染症拡大という事態がいつ起きてもおかしくないという認識に立ち、すべてのスタッフが有事に備える意識を共有しておくことが重要です。また、国としても、社会全体にたいする感染症拡大の影響の大きさを考慮して、感染症対策の専門家を養成するための支援を行なっていく必要があります。

◆ オンライン診療の意義と今後に向けた課題

　ここでは、オンライン診療についても取りあげます。

　オンライン診療は厚生労働省が定めた「オンライン診療の適切な実施に関する指針」において、情報通信機器を活用した健康増進医療にかんする行為である遠隔医療のうち、医師─患者間において情報通信機器を通して、患者の診察および診断を行ない診断結果の伝達や処方などの診療行為を、リアルタイムにより行なう行為と定義されています。

　開始当初は、医師が常駐していない離島やへき地のみで運用されていましたが、2015年にへき地限定ではないとの見解が示されました。さらに、2018年には、対面診療とビデオ通話が可能な情報通信機器を活用するという計画にもとづいてオンライン診察を行なった場合には、患者1人につき月1回に限り、算定できるオンライン診療料への保険適用が始まりました。ただし、対象は、オンライン診療を実施しようとする月の直近3か月間に毎月対面診療を受けている患者に限られ、3か月に1回は対面で診療するという要件が定められていました。また、診療報酬を得るためには医療機関が患者の情報漏出を防ぐために十分な安全対策をとるなど一定の施設基準を満たしたうえで届け出なければならなかったのです。そのため、診療全体の1％程度しか対応していませんでした。

　しかし、新型コロナウイルスの感染拡大によって状況が一変しま

す。新型コロナウイルスの感染が収束するまでの期間限定で、オンライン診療が大々的に認められたのです。さらに、2022年には「オンライン診療の適切な実施に関する指針」が改訂され、平時においてもオンライン診療が解禁されました。オンラインでの初診は原則として「かかりつけの医師」が行なうこととする一方、患者の情報が過去の診療録や診療情報提供書などから一定程度得られている場合や、医師が患者の症状および医学的情報を確認する診療前相談によってオンライン診療が実施可能と医師、患者双方が合意した場合にも可能となりました。ただし、オンライン診療を実施する医師は、厚生労働省が指定する研修を受講しなければなりません。また、遠隔の患者をオンライン診療する場合は、対面受診ができる近くの医療機関を確保することが必要です。

　オンライン診療を受診するさいには、まず受診を考えている医療機関がオンライン診療を行なっているかどうかを確認し、保険証などの情報を伝えて予約します。診療のさいには、本人確認のための個人情報を伝え、症状などを説明します。受診料はクレジットカードや銀行振込、電子マネーなどで決済され、処方された薬の配送を希望する場合には薬を出してもらう薬局を医療機関に伝え、診察後に薬局にも連絡します。なお、薬を飲む回数や量のほか、副作用のリスクやほかの薬との飲み合わせなどの情報を薬剤師が患者に伝える服薬指導についてもオンラインで受けられるようになりました。

　厚生労働省によると、電話や情報通信機器を用いた診療を実施できるとして登録した医療機関は2021年6月時点で約15％となっており、ゆるやかに増加してきています。

　最後に、オンライン診療の意義と今後に向けた課題について示しておきます。

オンライン診療の意義

● 感染の疑いのある患者がいきなり病院や診療所で受診するリスクが避けられ、医療機関の待合室で隣り合わせた患者、医師、看護師などに感染させる院内感染を防げる。

● 感染リスクを懸念する患者の受診控えが減り、持病（慢性疾患）をかかえている患者の治療中断を防止できる。

● 患者の自宅で診療が受けられるため、通院にかかわる身体的負担や精神的負担が軽減できる。また、診断や会計の待ち時間や交通費を節約でき、医療へのアクセスを容易にする。その結果、早期診断や早期治療、予防医療につなげられる。

● オンライン診療によっていつでもどんな状況でも医師とつながれるという安心感が得られる。

● オンラインで済む問診・説明行為を患者が自宅にいる状態で済ませておくことで、診察や検査を効率的に行なえる。

● 医療資源の偏在がとくに顕著な難病や希少疾患にたいする定期的な受診をオンライン診療でカバーできる。

今後に向けた課題

● 聴診器を当てたり汗やにおいを感じたりするなどの五感を使った診察や血液検査などはできないため、誤診や疾病の見落としというリスクがある。

● 患者の容体が急変した場合や、診療開始時点ですでに症状が重かった場合には、処置を行なえない。

● 問診による言葉のやりとりが中心となるため、医師はより慎重に診察・説明する必要がある。また、患者も、現在の症状や服薬状況、過去にかかった病気などの既往歴をできるだけくわしく伝える必要がある。

● オンライン診療サービスなどを利用するさいの初期費用や月額利用料金、決済手数料などの費用が発生する一方で、診療報酬が対面診療よりも依然低い。

- 医療側の過剰な経済的効率の追求や、対面診療にたいする患者側の不当な拒絶により医療の質の低下をもたらす。
- アクセスが容易であることから、診断結果に納得がいかず医療機関を次々と変えて受診する**ドクターショッピング**を助長する。
- 医師や看護師などとのつながりが感じにくいために信頼関係が構築されず、治療や服薬にたいして患者が積極的にかかわり、その決定に沿った治療を受ける**アドヒアランス**への影響が懸念される。

　今後、オンライン診療は選択肢の1つとして定着していくことが見込まれています。とくに症状が安定している再診患者などは対面診療と同等の有効性があるため、オンライン診療のさらなる普及が望まれています。よって、医師・患者とも新たな受診リテラシーを身につけ、オンライン診療の特性をふまえた活用を模索していくことが大切です。それこそ、近い将来オンライン診療の普及により在宅での医療行為に従事することが可能になれば、出産・子育てで医療の現場を離れざるをえなかった女性医師も活躍できるようになり、医師の働き方改革 →P.50 にも貢献できるかもしれません。

出題例の[解答・解説]

出題例 再録

　オンライン診療の長所と短所についてまとめ、今後の課題について400字程度で書きなさい。

構想メモを書いてみよう！

オンライン診療の長所 ● ─ 院内感染の防止

- 新型コロナウイルスには、他人との接触や近距離の会話で感染
  ➡感染の疑いのある患者が病院や診療所で受診しなくなる

オンライン診療の短所 ● ─ 誤診や疾病の見落とし

- 五感を使った診察や血液検査などができない
- 医師と患者双方のていねいなコミュニケーションがないと、診察が成立しにくい

今後の課題 ● ─ オンライン診療の特性をふまえた活用

- 病状が比較的安定している持病など、画面上で診療が完結する軽症時には、オンライン診療を促す

第5章

　オンライン診療の長所については、患者の利便性の向上よりも、全面的導入の中心理由である院内感染の防止を優先的に取りあげる。また、オンライン診療に適していると思われる事例も提示したい。
　一方、短所については、誤診や疾病の見落としによる医師の責任や医療の質の低下まで踏み込んで書くのも有効である。ただし、オンライン診療の恒久化方針をふまえると、短所を強調しすぎることにはリスクがある。

🦉 合格点まであと一歩の答案例

● 第1段落

① オンライン診療の患者にとっての長所は、通院の手間がなく、診断や会計の待ち時間を節約できる点である。 ② また、処方された薬も配送してもらえるため、医療機関から薬局までの移動の手間や薬の調合の待ち時間がなくなり、利便性が格段に高まる。

● 第2段落

③ 一方、短所は、通院にともなう距離の制約がなくなることによって評判のよい医療機関に診察希望が集中し、患者を奪われてしまった個人経営の病院の経営が苦しくなるという点である。また、高齢の医師ではスマートフォンの専用アプリを使いこなすのが難しい場合もあり、医師によって問診技術に差が出るという懸念がある。

● 第3段落

④ 患者と医師との信頼関係が成り立ってこその医療であるので、初診からオンライン診療を認めるのは度の過ぎた対策といわざるをえない。 ⑤ オンライン診療は、やはり山村や離島などで十分な医療機関が整備されていない地域や、通院に必要な交通手段が確保できない患者に限定されるべきである。

(394字)

全体を通じた コメント

　オンライン診療の長所については、指摘している内容自体に問題は見当たらない。ただし、第1段落の1文めと2文めで「通院の手間がなく」と「待ち時間を節約」という、表現を変えただけで意味としては同じ内容がくり返されているため、字数稼ぎの感がある。

　短所としてあげられている「個人経営の病院の経営が苦しくなる」という点は、オンライン診療の全面的導入に反対する立場の意見としてはありうるのだが、質の低い医療機関が消えていくことは、むしろ患者にとっては長所であるといえる。視点を変えて、「オンライン用の診察時間を対面診療の合間に確保する必要があるため、一部の診療機関での過重労働がより深刻化する」などの理由を書くほうが理解されやすい。

　第3段落は、今後の課題ではなく、書き手によるただの個人的な意見である。オンライン診療への賛否が求められているわけではないので、短所をどう克服すればよいのかを提案すべきである。

答案例へのコメント

→❶：◎　患者の負担が減るという指摘は、オンライン診療の長所として適切である。

→❷：△　「医療機関」と「薬局」は、結局は同じ内容である。

→❸：✕　能力の低い医師が医療の現場から淘汰されることの影響は、社会にとっての長所とみることができる。むしろ、患者が集中する医療機関への影響を考えるとよい。

→❹：△　オンライン診療ではどうして信頼関係が成り立ちにくいのかという点への説明が不足している。

→❺：✕　一方的に否定する見解では、今後の課題を示したことにはならない。

神髄
39

視点を変えてみることにより説得力が増すこともある！

🦉 合格点がもらえる答案例

オンライン診療の長所

①オンライン診療の長所として、院内感染を防止できる点があげられる。②とくに新型コロナウイルスは接触や近距離の会話でも感染してしまうため、感染の疑いのある患者が病院や診療所で受診しなくなることによって、患者、医師や看護師などに感染させる事態を避けられる。③また、感染リスクを懸念する患者の受診控えが減り、慢性疾患をかかえている患者の治療中断も防止できる。

オンライン診療の短所

④一方、短所は、患者の全身を診たり聴診器を当てたり汗やにおいを感じたりするなど五感を使った診察や血液検査などができないため、誤診や疾病の見落としのリスクが高くなる点である。⑤また、問診による言葉のやり取りが中心となるため、医師と患者双方のていねいなコミュニケーションがないと診察が成立しにくいという短所もある。

今後の課題

⑥そのため、強い胸の痛みや吐血、意識障害などの症状は対面診療とし、病状が比較的安定している持病など画面上で診療が完結する軽症時には、オンライン診療を促すなど、特性をふまえた活用を模索していくことが大切である。

(429字)

全体を通じた コメント

　オンライン診療の長所と短所それぞれにおいて、最も重視すべきポイントである「院内感染と受診控えの防止」と「誤診や疾病の見落とし」があげられていて、出題意図に合致した答案が組み立てられている。

　ここでは言及されていないが、風邪の初期症状や精神医療、さらには持病などで治療を継続している患者の転居後に、以前から服用している薬を継続して処方する場合など、オンライン診療に適していると思われる具体的な事例を示せるとさらに説得力が増す。

答案例へのコメント

➡**❶**：◎　「院内感染の防止」という、オンライン診療に求められている最も重要な理由をしっかり示せている。

➡**❷**：◎　なぜオンライン診療が院内感染の防止に役立つのかという点についてわかりやすく説明できている。

➡**❸**：◎　「受診控えの防止」というほかの長所にも言及できている。

➡**❹**：◎　「誤診や疾病の見落とし」という、オンライン診療で最も強く懸念される短所が示せている。

➡**❺**：○　場合によっては回線状態が悪かったり、機材が整っていなかったり、電話であれば言葉のやり取りしかできなかったりするといった、オンライン診療特有の難しさに触れられている。

➡**❻**：○　オンライン診療の全面解禁になだれ込むことへの慎重な姿勢が検討課題として示せている。

第5章

神髄 40

患者や医療者のニーズに応じたオンライン診療の活用が重要！

第 2 章 　患者とどう向き合うか

第 3 章 　先端医療がもたらす課題

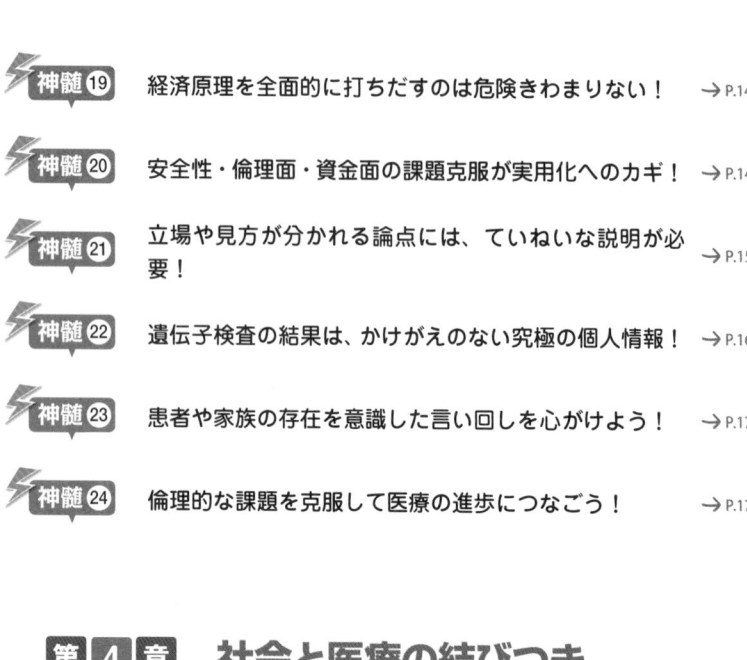

第 5 章　新型コロナウイルス

さくいん

＊本文中で強調されている用語を項目として拾っています。
＊項目は、アルファベット順と五十音順（日本語）に大別しています。
＊アルファベットと日本語の合成語は、日本語の項目に分類しています。
　　例 「iPS細胞」 ➡ 「あ」の項目に分類
＊"ー"（音引き）は、実際の読みに置き換えたうえで五十音順に並べ替えています。

神尾 雄一郎（かみお　ゆういちろう）

　開成中学校・高等学校、慶應義塾大学総合政策学部卒。中央大学大学院にて公共政策修士号を取得。

　現在は、(株) ジーワンラーニング代表取締役として専門の「小論文」「国語」を中心とした入試指導を担当。また、ディベートの指導者として開成中・高の弁論部監督も務める。さらに、NPO法人ロジニケーション・ジャパン理事長として、グループプレゼンテーションの大会や出張授業を行っている。

　著書に、『改訂第2版　書くべきネタが思いつく　看護医療系小論文　頻出テーマ15』『話し方のコツがよくわかる　医療面接　頻出質問・回答パターン40』『学校推薦型選抜・総合型選抜　だれでも上にまとまる　志望理由書合格ノート』（以上、KADOKAWA）などがある。

かいていだい　はん　か　かた
改訂第2版　書き方のコツがよくわかる
い けいしょうろんぶん　　　ひんしゅつ
医系小論文　頻出テーマ20

2023年9月19日　初版発行
2024年10月30日　再版発行

かみ お　ゆういちろう
著者／神尾 雄一郎

発行者／山下 直久

発行／株式会社KADOKAWA
〒102-8177　東京都千代田区富士見2-13-3
電話　0570-002-301(ナビダイヤル)

印刷所／株式会社加藤文明社
製本所／株式会社加藤文明社